Nancy Leigh DeMoss

Das Tor zur Freiheit

Wie Vergebung Ihr Leben verändert

Nancy Leigh DeMoss

Das Tor zur Freiheit

Wie Vergebung Ihr Leben verändert

Nancy Leigh DeMoss
Das Tor zur Freiheit
Wie Vergebung Ihr Leben verändert

ISBN 978-3-86353-101-0

Titel des amerikanischen Originals:
Choosing Forgiveness

This book was first published in the United States by Moody Publishers,
820 N. LaSalle Blvd., Chicago, IL 60610 with the title Choosing Forgiveness

Soweit nicht anders vermerkt, wurde die folgende Bibelübersetzung verwendet:
Revidierte Elberfelder Bibel © 1985/1991/2008 SCM R.Brockhaus
im SCM-Verlag GmbH & Co. KG, Witten
Darüber hinaus wurden die folgenden Übersetzungen verwendet:
NeÜ bibel.heute, © Karl-Heinz Vanheiden, www.kh-vanheiden.de (NeÜ)
Schlachter Übersetzung © Copyright 2000 Genfer Bibelgesellschaft (Schla)
Bibeltext der Neuen Genfer Übersetzung – Neues Testament und Psalmen
Copyright © 2011 Genfer Bibelgesellschaft (NGÜ)

1. Auflage

www.cv-dillenburg.de
Übersetzung: Brigitte Hahn
Satz: Christliche Verlagsgesellschaft Dillenburg
Umschlaggestaltung: Miriam Gamper, Essen; www.dko-design.de
Umschlagmotive: © Shutterstock
Tor an den Kapitelanfängen: © Adam Vilimek/Shutterstock.com
Druck: CPI Moravia
Printed in Czech Republic

Inhalt

Oh Gott,
das Blut unseres Sohnes hat die Frucht des Geistes auf dem Boden unserer Seelen vervielfacht;
wenn also seine Mörder am Tag des Gerichts vor dir stehen,
dann gedenke der Frucht des Geistes,
mit der sie unser Leben bereichert haben.
Und vergib ihnen.

Bischof Hassan Dehqani-Tafti aus dem Iran[1]

Vorwort

In meinem langjährigen Dienst als Pastor erlebe ich immer wieder, was für eine krankmachende und zerstörerische Wirkung Unversöhnlichkeit bei Menschen hat. Der Schaden, der in unserem Gefühls- und Glaubensleben, aber auch an unserem Körper angerichtet wird, wenn wir uns weigern zu vergeben, ist unermesslich. Unversöhnlichkeit ist auch schon als Anhäufung unterdrückter Wut beschrieben worden. Weil diese Wut geleugnet wird, kann man so tun, als sei sie nicht da, während sie sich wie ein unsichtbarer Tumor ausbreitet und weiter wächst. Wenn wir uns darum bemühen, unsere verletzten Gefühle aus unserem Bewusstsein und unserer Erinnerung zu verdrängen, ist das in etwa so, als wollten wir einen aufgeblasenen Wasserball unter die Wasseroberfläche drücken. Die kleinste Druckverlagerung lässt ihn wieder hochschnellen, und wir können nichts dagegen tun.

Psychologen zufolge kostet es einen hohen Preis, das Unkraut der Bitterkeit und Unversöhnlichkeit zu kultivieren. Wenn wir uns entscheiden, an unserem Groll festzuhalten, verzichten wir auf das Recht, unsere Zukunft zu gestalten. Wir tauschen die Frische eines neuen Tages mit all seinen Möglichkeiten gegen den Schmerz ein, den wir in der Vergangenheit erlitten haben. Häufig verschwenden wir wertvolle geistige und geistliche Energie mit Nachdenken über jemanden, der vielleicht weit von uns entfernt ist und nicht die geringste Ahnung von unseren Gedanken hat oder von dem, was geschehen ist.

Vergebung ist eine bewusste Entscheidung. Nancy Leigh DeMoss erklärt uns auf anschauliche Weise, dass jeder von uns die Möglichkeit hat, zu vergeben und Vergebung zu empfangen. Geschichten mitten aus dem Leben führen uns die Freude vor Augen, die aus der Vergebung kommt, aber auch die Bitterkeit, die aus lang gehegtem Groll entsteht. Jedes Kapitel lädt Sie als Leser dazu ein, selbst die geistliche und emotionale Dynamik der Vergebung zu erfahren.

Dieses Buch hat eine interaktive Komponente. Immer wieder bekommen Sie als Leser wichtige Fragen gestellt, mit deren Hilfe Sie Ihren Fortschritt auf dem Weg der Vergebung feststellen können. Ich persönlich fand diese Fragen praxisnah und tiefgehend und ich habe durch sie sehr viel über mich selbst gelernt.

Nancy Leigh DeMoss ist eine brillante Autorin, vor allem aber ist sie eine Bibellehrerin. Wie Sie es von jedem Buch mit ihrem Namen auf dem Umschlag erwarten können, ist auch dieses Werk geprägt von gründlicher Bibelauslegung. Ich glaube, sie hat keinen einzigen entscheidenden Bibeltext über Vergebung übersehen. Auf eine gelehrte und zugleich praktische Art wird jeder

Text kraftvoll auseinandergenommen, sodass die Botschaft über die Vergebung deutlich verstanden werden kann.

In *Das Tor zur Freiheit* wird man vergeblich jene Allgemeinplätze suchen, die sich so häufig in Bücher über dieses Thema einschleichen. Hier gibt es keine Formeln oder einfache Antworten. Wenn Sie jedoch nach der Realität und Schönheit der Vergebung suchen, wie die Bibel sie meint, werden Sie hier fündig. Die Art, wie Nancy Leigh DeMoss das Thema „Selbstvergebung" behandelt, ist die beste Betrachtung zu diesem Thema, die ich jemals gelesen habe. Wenn Sie wie viele andere auch glauben, dass Gott Ihnen zwar vergeben kann, Sie sich jedoch selbst nicht vergeben können, dann wird Ihnen dieses Buch eine bisher nicht gekannte Freiheit von dieser Knechtschaft schenken.

Ob Sie nun anderen vergeben oder selbst Vergebung empfangen müssen – Sie werden auf den Seiten dieses Buches die Kraft finden, die Sie brauchen.

David Jeremiah
(Leitender Pastor der *Shadow Mountain Community Church* und Direktor des Werkes *Turning Point Ministries*)

In Dankbarkeit …

Dass auf dem Titel eines Buches einzig mein Name erscheint, halte ich nicht für angemessen. Denn das weiß jeder, der ein Buch geschrieben oder irgendeine andere Herausforderung gemeistert hat – ob es nun der Bau eines Hauses ist, die Gründung eines Unternehmens oder einer Familie: Kaum ein Vorhaben von großem Wert oder langfristiger Wirkung ist im Alleingang zustande gekommen.

Jedes Buch, das ich schreibe, jede Botschaft, die ich an andere weitergebe, ist eine Frucht des Wirkens Gottes in meinem Leben. Und mein Leben wurde geprägt von einer ganzen Heerschar von Lehrern, Mentoren, Pastoren, Leitern von Gemeinden oder christlichen Einrichtungen, Autoren, Rednern und Freunden, die mich in den Wegen Gottes unterweisen, seine Wahrheit vor meinen Augen Gestalt gewinnen lassen und sich im Laufe von fast fünf Jahrzehnten in mein Leben eingebracht haben.

Ihre Namen (auch diejenigen, die ich hier auf dieser Erde nie erfahren werde) und ihre vielfältigen Beiträge in meinem Leben und Dienst könnten ein dickes Buch füllen. Der Herr weiß, wie sehr ich mich diesen Menschen verpflichtet fühle und wie dankbar ich für jeden dieser treuen Helfer bin.

Was das vorliegende Buch angeht, möchte ich die folgenden „Geburtshelfer" voller Dankbarkeit erwähnen, auch wenn mir bewusst ist, dass ich dabei das Risiko eingehe, Namen, die ebenfalls genannt werden müssten, zu vergessen:

- *Lawrence Kimbrough*, der sich die Mühe gemacht hat, meine lose Sammlung von Notizen, Mitschriften von Vorträgen, Dateien und E-Mails sowie einiger Telefonate fachmännisch zu ordnen und die Teile zu einem Ganzen zusammenzufügen, zu einem ersten Entwurf, der das zum Ausdruck brachte, was mir auf dem Herzen lag. Anschließend hat er mich bei der weiteren Gestaltung vieler Abschnitte in diesem Buch unterstützt. Lawrence ist ein begabter Autor, der fest im Wort Gottes gegründet ist und dessen Herz für unseren Herrn brennt. Seine Handschrift ist im gesamten Buch erkennbar. Mit seiner Hilfe und seinen wertvollen Impulsen ist dieses Werk erst zu dem geworden, was es ist.
- *Robert Wolgemuth*, der mich mit Lawrence bekannt gemacht hat und mir sowie dem Verlag bei der Entstehung des Buches seine wertvolle Unterstützung geschenkt hat.
- *Meine lieben Freunde beim Verlag* Moody Publishers, darunter Greg Thornton, Elsa Mazon (jetzt bei *Moody Broadcasting*), Betsey Neweenhuyse, Dave DeWitt,

Judy Tollberg, John Hinkley und andere. Diese Menschen teilen meine Leidenschaft für die Verwandlung, die Menschen durch die Kraft der göttlichen Wahrheit erleben können.

- *Dr. Bruce Ware* danke ich für seine sorgfältige theologische Prüfung – nicht nur von einer, sondern von zwei Fassungen des Manuskripts. Er und seine Frau Jodi sind meine Geschwister im Geist. Sie haben mir immer wieder Mut gemacht.
- *Freunde, die das Manuskript in verschiedenen Stadien gelesen und mir wertvolle Ideen geliefert haben.* Dazu gehören Del Felsenfeld III., Andrea Griffith, Paula Hendricks, Laine und Janet Johnson, Kim Wagner sowie Dawn-Marie Wilson, die mir auch bei den Recherchen geholfen haben. Und natürlich auch meine geliebte Schwester Elisabeth DeMoss, die mich immer wieder mit anschaulichen Beispielen und Zitaten versorgt.
- *Mike Neises,* mein langjähriger Kollege und Verlagsleiter bei *Revive Our Hearts.* Es ist unmöglich, den wichtigen Beitrag, den er leistet, einzuschätzen oder auf angemessene Weise anzuerkennen. Er hilft mir mit seinem klugen Führungsverhalten, seiner sinnvollen Planung, seinem Rat und seiner Bereitschaft, sich um vielerlei Belange an einer Vielzahl von Fronten zu kümmern.
- *Sandy Bixel,* meine außergewöhnliche Assistentin, die mich mit ihrer Bereitschaft zum Dienen und ihrem Organisationstalent zu einem produktiveren und nützlicheren Werkzeug in der Hand des Herrn macht. Was wäre ich ohne sie!

- *Die Männer und Frauen, die gemeinsam mit mir bei* Revive Our Hearts *dem Herrn dienen.* Dieses unglaubliche Team ist ein reicher, unverdienter Segen. Ihre Ermutigung, ihre Gebete und ihre unermüdliche Arbeit auch über das erwartete Maß hinaus in einem schwierigen Jahr des Umbruchs haben es mir ermöglicht, mir die Zeit zu nehmen, dieses Buch zu schreiben.
- *Meine geliebten „Gebetsfreunde", zusammen mit den unzähligen anderen Menschen,* die mich bei der Entstehung dieses Buches begleitet haben und in ihrer Fürbitte nicht nur für mich eingetreten sind, sondern auch für diejenigen, deren Leben verändert wird, wenn sie den Weg der Vergebung wählen.

Einleitung

Wenn man Vergebung erfährt,
dann ist dieses Erlebnis so wohltuend,
dass der Wohlgeschmack von Honig im Vergleich dazu fade ist.
Aber es gibt etwas, das diese Erfahrung noch übertrifft,
und zwar, wenn man selbst Vergebung übt.

C. H. Spurgeon

Regina Hockett stand in der Schlange vor der Kasse des Supermarktes. Es war eine ganz normale Sache an einem ganz normalen Tag. Plötzlich spürte sie um sich herum eine seltsame Unruhe, einen ungewöhnlichen Lärm, und sie hörte aufgeregte Stimmen. In ihr stiegen die ersten Wellen von Panik auf, weil sie Gefahr witterte. Instinktiv drehte sie sich um. Sie wollte sich vergewissern, ob ihre zwölfjährige Tochter Adriane noch bei ihr war, so wie einen Augenblick zuvor, als sie ihre Mutter um Kleingeld gebeten hatte, weil sie sich einen Kaugummi aus dem Automaten ziehen wollte.

Aber Adriane war verschwunden.

Dem Mädchen musste eingefallen sein, wo seine Mutter im Auto das Kleingeld aufbewahrte. Es war nach draußen gehuscht und hatte den Aschenbecher im Auto aufgeklappt, um eine Münze herauszuholen. Dann hatte Adriane sich wieder auf den Weg zum Eingang des Supermarktes gemacht, wo sie für die Münze einen Kaugummi erstehen wollte.

In diesem Augenblick ertönte auf dem Parkplatz unter dem purpurroten Oktober-Abendhimmel ein Schuss. Die Menschen gerieten in Panik.

Währenddessen eilte Regina durch die Gänge des Supermarktes. Sie rief den Namen ihrer Tochter. Ihr Blick huschte bei ihrer verzweifelten Suche hin und her.

Wo kann sie nur sein? Sie war doch eben noch hier! Schließlich rannte sie nach draußen, vorbei an wild gestikulierenden Menschen. Auf dem Gehsteig entdeckte sie den leblosen Körper eines jungen Mädchens. Die Schuhe, die im Licht der Straßenlaternen glänzten, kamen ihr bekannt vor.

Es war Adriane. Sie war tot.

Aber warum?

Es dauerte drei lange Jahre, bis die Antwort auf diese Frage ans Tageslicht kam, drei Jahre mit drei tränenreichen Jahrestagen, an denen sich die Mutter immer wieder fragte, wer diese Tat begangen hatte und wo die Mörder sich versteckt hielten.

Nach einiger Zeit klärte sich alles auf. Zwei Teenager, Mitglieder einer Jugendbande, hatten sich an jenem Abend vorgenommen, ihre Gang in der Szene „bekannt zu machen“. Als sie in diesem gut bürgerlichen Viertel von Nashville mit dem Auto über den Parkplatz des Supermarktes fuhren, mit geöffnetem Fenster auf der Beifahrerseite und einem brandneuen, geladenen Sturmgewehr im Schoß, hatten sie sich als Opfer willkürlich eine Frau mittleren Alters ausgewählt, die neben ihrem Auto stand. *Die gibt eine gute Zielscheibe ab.*

Aus irgendeinem Grund verfehlte der Schütze sein Ziel und die Kugel traf stattdessen eine hochbegabte Sechstklässlerin.

Als die beiden Tatverdächtigen festgenommen und dem Haftrichter vorgeführt wurden, grinsten und lachten sie ihn nur an. Einer von ihnen drohte sogar dem Polizisten, der sie in den Gerichtssaal begleitete, dieser werde den Termin ihrer Gerichtsverhandlung nicht mehr erleben.

Es stellte sich heraus, dass dies nur der erste von drei Morden gewesen war, welche die beiden in einem Zeitraum von vier Monaten begangen hatten.

Zum ersten Mal in ihrem Leben empfand Regina einen derart umfassenden, tief gehenden Schmerz. „Ich war innerlich so zerbrochen, wie man es nur sein kann", erzählte sie. „Ein Jahr lang war ich am Boden zerstört und so depressiv, dass ich mich zu nichts mehr aufraffen konnte."

Die Jahre vergingen, und jedes einzelne erinnerte sie an ihren Verlust. Ständig versuchte sie sich vorzustellen, was Adriane jetzt wohl tun, wohin sie gehen, wie sie sein würde ... wenn sie noch am Leben wäre.

Als sie sich zehn Jahre nach dem Mord im Oktober 2005 in einem Interview mit der Lokalzeitung *The Tennessean*[1] öffentlich äußerte, sagte sie, dass sie nie voll und ganz begreifen würde, warum ihre geliebte Tochter auf diese Weise sterben musste. „Aber eins weiß ich: Adriane ist im Himmel, und Gott hat mir die Kraft gegeben, etwas zu sagen, was ich mir nie hätte vorstellen können: *Ich vergebe ihren Mördern.*“

Ihre Trauer hat sie sogar dazu gebracht, so viel wie möglich über die Mörder ihrer Tochter herauszufinden. Sie erfuhr, dass sie eine schwierige Kindheit in Problemfamilien hinter sich hatten und dass sie niemanden hatten, der ihnen als Vorbild hätte dienen können. Sie schloss sich schließlich einer Organisation an, die zum Tode verurteilte Häftlinge betreut. Regina erinnert sich noch gut daran, wie sie zusammen mit einigen anderen zum ersten Mal für einen Besuch ins Gefängnis ging. Während sie sich mit einem Wachmann im Flur unterhielt, ging ein Häftling an ihr vorbei. Seine Fußfesseln klirrten und sie konnte sein Gesicht erkennen.

Es war Adrianes Mörder. Ihre Blicke trafen sich. Sie dachte, dass sie jetzt eigentlich eine hilflose Wut spüren müsste, doch stattdessen hatte sie Mitleid mit dem Verbrecher.

„Mir war es schwer ums Herz, weil ich für die beiden jungen Männer gebetet hatte. Ich wünsche mir und bete, dass sie Gott einmal finden und wissen können: Sie brauchen nicht ein so erbärmliches Leben zu führen, noch nicht einmal dort im Gefängnis.“

Nicht einmal diese beiden Mörder.

Wie soll das gehen?

Ich würde Ihnen gerne sagen, dass Vergebung keine so radikale Haltung des Auslieferns und des Loslassens erfordert. Im Grunde genommen wäre es sogar einfacher, dieses Thema ganz zu übergehen. Schließlich leben wir in einer Zeit, in der sich viele Menschen mit Fragen herumschlagen, die sie im Kern ihrer Existenz treffen. Deshalb neigen sie dazu, zu ihren Mitmenschen auf Distanz zu gehen, weil das für sie die einzige Möglichkeit ist, mit dem Leben zurechtzukommen.

Da sind zum Beispiel untreue Ehepartner, nachlässige, unsensible Eltern. Erschreckende Erinnerungen an sexuellen Missbrauch. Rebellische Kinder. Herzlose Schwiegereltern. Machtgierige Vorgesetzte und Führungspersönlichkeiten. Ich könnte diese Aufzählungen beliebig fortsetzen. In den drei Jahrzehnten meines Dienstes habe ich mehr Schmerz in menschlichen Herzen und zwischenmenschlichen Beziehungen gesehen, als ich es je für möglich gehalten hätte.

Ich werde zum Beispiel nie vergessen, wie bei einer Konferenz, bei der ich Vorträge gehalten habe, eine Frau ans Mikrofon trat. Sie erzählte die tragische Geschichte vom brutalen Mord an ihrer erwachsenen Tochter durch die Hand eines Stalkers. Ich kann noch immer die tiefe Verzweiflung in der Stimme dieser Mutter hören, die vor vielen Hundert Frauen neben mir stand und laut rief: „Ich hasse diesen Mann seit 14 Jahren! Wie kann ich ihm bloß vergeben? *Wie soll das gehen?*“

Und ich denke an eine Frau, die mit ganz anderen Erlebnissen und Umständen zu kämpfen hatte. Sie schrieb mir: „Ich fühle mich wie ein Roboter. Ich habe Gott aus meinem Leben ausgeschlossen. Für mich ist der christliche Glaube nur noch eine leere Hülle, weil ich schon so oft verletzt worden bin."

Ich denke auch an die Worte einer weiteren Frau: „Im letzten Jahr wurde mein Vater von seiner Gemeinde, in der er Pastor war, entlassen. Man hat sich an ihm schuldig gemacht. Und wir leiden immer noch an den Folgen, an den zerbrochenen Beziehungen." Man konnte ihre Hilflosigkeit und die Sehnsucht in ihrem Herzen spüren, als sie dann fragte: „Wie vergibt man eigentlich einer ganzen Gemeinde?"

Wenn wir an eine solche Ungerechtigkeit und an den damit verbundenen Schmerz denken, wird uns ganz weh ums Herz. Den Menschen, die uns solche Geschichten erzählen, würden wir am liebsten sagen: „Wenn ich an Ihrer Stelle wäre, würde ich genauso empfinden." Wir neigen dazu, den Verursachern zu wünschen, dass sie die Folgen des von ihnen begangenen Unrechts tragen müssen.

Aber wenn wir in unseren zwischenmenschlichen Beziehungen echte Werkzeuge der göttlichen Barmherzigkeit sein wollen, müssen wir uns der Wahrheit stellen – der göttlichen Wahrheit. Wir dürfen nicht in eine Haltung der künstlichen Leugnung fallen und so tun, als ob das Unrecht niemals geschehen sei. Wir brauchen auch keine starren, mechanischen Worthülsen und Formeln. Wir dürfen auch nicht dem Irrtum verfallen, ein Regelwerk oder ein Patentrezept würde genügen.

Vielmehr spreche ich von dem wohltuenden, gehaltvollen, reinen Wort und den Wegen Gottes, die sich nicht auf nachlässige oder unnatürliche Art über unser wirkliches Leben stülpen lassen, sondern von pulsierender Lebenskraft, Heilung und Gnade erfüllt sind, wenn Gott den eisernen Griff der Zerbrochenheit löst und Versöhnung schenkt, wenn er Wiederherstellung und Befreiung bewirkt und (schließlich) alles neu macht.

Seine Wahrheit ist sogar stark genug in Situationen, in denen man vergeblich auf ein Wort der Entschuldigung wartet oder dieses durch den Tod eines Menschen oder ein anderes Hindernis unmöglich geworden ist. Seine Wahrheit ist stark genug, um uns durch das Geschenk der Vergebung trotzdem Befreiung und Heilung für unser Herz und unsere Seele zu ermöglichen.

> Wenn wir in unseren zwischenmenschlichen Beziehungen echte Werkzeuge der göttlichen Barmherzigkeit sein wollen, müssen wir uns der Wahrheit stellen – der göttlichen Wahrheit.

Das ist seine Art, an uns Menschen zu handeln.

Der in unserer Kultur (und allzu oft auch in der evangelikalen Welt) herrschende Zeitgeist erlaubt es, dass wir uns buchstäblich verhätscheln lassen von unserem Groll, unseren zerbrochenen zwischenmenschlichen Beziehungen und ungelösten Konflikten, ja sogar Kraft daraus beziehen. Wohlmeinende Freunde stehen uns zur Seite und bestärken uns in unserem Selbstmitleid und unserer sturen Entschlossenheit, die anderen für das an uns begangene Unrecht bezahlen zu lassen.

Aber das Wort Gottes sagt klar und deutlich, dass der Preis für Unversöhnlichkeit hoch ist. Wir können nicht erwarten, mit Gott in Frieden zu leben oder seinen Segen in unserem Leben zu erfahren, wenn wir uns weigern, denen zu vergeben, die an uns schuldig werden. Mit dieser Haltung verschließen wir uns vor dem Wirken Gottes und erlauben Satan, „uns zu übervorteilen" (2. Korinther 2,11).

Die Wunden, die man Ihnen zugefügt hat, werden nicht einen Deut besser, wenn Sie dafür sorgen, dass sie offen bleiben. Dadurch werden sie bloß schlimmer und belastender.

Das Verständnis, das andere Ihnen entgegenbringen, kann Ihnen zwar kurzfristig eine gewisse *Erleichterung* verschaffen, aber nur durch Vergebung kommt eine dauerhafte *Befreiung* zustande.

Die scharfen Zähne der Bitterkeit

Zu den markantesten Figuren in dem Klassiker *Große Erwartungen* von Charles Dickens gehört Miss Havisham, eine exzentrische alte Dame. Wir lernen diese ungewöhnliche Frau in der Geschichte an ihrem Geburtstag kennen. Am gleichen Datum viele Jahre zuvor wartete sie im Brautkleid auf die Ankunft ihres Verlobten. Aber um zwanzig vor neun erhielt sie die schockierende Nachricht, dass ihr Bräutigam mit einer anderen Frau durchgebrannt war und deshalb nicht zur Hochzeit kommen würde ... jetzt nicht und auch nicht in der Zukunft.

Von diesem Augenblick an ging für Miss Havisham das Leben nicht mehr weiter. Jede Uhr in ihrem Haus wurde angehalten – genau bei der schicksalhaften Uhrzeit zwanzig vor neun. Schwere Vorhänge an den Fenstern hinderten jeden Sonnenstrahl, ihr dämmriges und zunehmend schäbiges Zuhause zu erhellen. Sie führte zusammen mit ihrer Adoptivtochter Estella ein zurückgezogenes Leben, während der Hochzeitskuchen und das Festessen auf dem Tisch allmählich verrotteten. Spinnen trugen die Reste davon und in den Zimmerwänden hörte man das Getrappel und Rascheln von Mäusen.

Zu allem Elend trug die verhinderte Braut noch immer ihr mittlerweile zerschlissenes Kleid mit Schleier wie damals im Augenblick ihrer Tragödie, auch wenn die Farben längst verblichen und vergilbt, die Spitze und der zarte Stoff zerrissen waren.

Die Hauptfigur des Romans, der junge Pip, besucht das Haus, weil er sich zu Estella hingezogen fühlt. Natürlich fragt er sich nach Sinn und Zweck dieses Spektakels. Die Hausherrin schildert ihre seltsame Lage mit den folgenden deprimierenden Worten: „An diesem Tag im Jahr, lange vor Ihrer Geburt, ist dieser Haufen der Fäulnis hierher gebracht worden. Er ist wie ich zerfressen ... Die Mäuse nagen an ihm, und *Zähne, die schärfer sind als Mäusezähne, nagen an mir*“ (Hervorhebung durch die Autorin)[2].

Diese „Zähne“ waren (und sind) die scharfen Spitzen der Bitterkeit, des Grolls und der Unversöhnlichkeit. Die Wunden, die sie reißen, sind tiefer als von Klauen und Zähnen gerissene Fleischwunden. Diese messerscharfen Spitzen dringen tief unter die Haut ein. Sie nehmen uns die Freude, zerstören unseren Frieden und verschließen unsere Herzen vor den Sonnenstrahlen der göttlichen Gegenwart.

Unsere persönliche Tragödie ist vielleicht nicht so offensichtlich und mitleiderregend wie die von Miss Havisham. Vielleicht finden wir Möglichkeiten, wie wir den Schmerz betäuben, wie wir trotz unseres Grolls weitermachen und sogar den Schein der Normalität wahren können. Aber unser Innerstes trägt die verräterrischen Anzeichen von jenen nagenden Zähnen und dem verdunkelten Raum, in dem wir unser Leben fristen.

Ist auch in Ihrem Leben die Uhr stehen geblieben? Gab es einen Augenblick der Verletzung, nach dem plötzlich alles anders war? Vielleicht erinnern Sie sich ganz genau an den Tag, die Uhrzeit, das Jahr, die Umgebung, die genauen Umstände. Ihre Hoffnungen, Träume, ja Ihre Unschuld wurden durchdrungen von dem schmerzhaften Stachel des Verrats und der Enttäuschung. Seitdem ist Ihr Leben geprägt von dem Wunsch, das Verlorene zurückzugewinnen und Rache zu nehmen – entweder durch Ihr direktes Handeln oder indem Sie Ihren Mitmenschen Liebe und Zuneigung entziehen.

Wissen Sie ganz genau, wie sich diese nagenden Zähne anfühlen?

Ich möchte Ihnen sagen, dass Sie nicht in diesem Zustand verharren müssen. Es ist Zeit, die Vorhänge aufzuziehen und die Dunkelheit rauszulassen. Dieser Schritt mag für Sie riskant oder sogar unmöglich erscheinen. Er ist vielleicht schmerzhaft. Aber hinter den düsteren, modrigen Mauern aus verletzten Gefühlen und Enttäuschung, hinter denen sie Ihr Herz verbarrikadiert haben, warten das Leben, Heilung und eine neue Welt. Gott möchte Ihnen in seiner Gnade die Kraft schenken, die Mauern zu durchbrechen. Er will Sie befreien.

Eine Wahrheit, die gelebt werden muss

In diesem Buch werden wir uns mit der Frage befassen, was Vergebung ist und was sie nicht ist. Im Licht der Bibel werden wir außerdem herausfinden, welche Verheißungen sich dahinter verbergen, und auch einige falsche Vorstellungen widerlegen. Wir werden unseren Schwerpunkt darauf legen, wie wir es schaffen können, die Gnade und Barmherzigkeit Gottes auszuüben, so wie er es bei uns getan hat.

Doch auch bei den besten Prinzipien und Einsichten, die ich Ihnen bieten kann, finden Sie in diesem Buch kein Zauberwort und keine Geheimformel – ebenso wenig wie in der Bibel. Vergebung ist keine Methode, die man erlernen kann, sondern eine Wahrheit, die man mit Leben füllen muss. Den meisten Leserinnen und Lesern dieses Buches wird der Begriff der Vergebung vertraut sein. Es ist eher unwahrscheinlich, dass Sie auf den folgenden Seiten viele grundlegend neue Erkenntnisse finden werden.

Vergebung ist keine Methode, die man erlernen kann, sondern eine Wahrheit, die man mit Leben füllen muss.

Für die meisten besteht das Problem nicht darin, dass sie über Vergebung nichts wissen. Wie ich bei vielen Menschen (und allzu oft auch bei mir selbst) feststelle, wollen sie vielmehr die Unversöhnlichkeit in ihren Herzen oft nicht erkennen oder wahrhaben. Oder aber sie haben sich ganz einfach nicht entschlossen, erlittenes Unrecht zu vergeben. Wenn ich Sie dringend bitte, sich für den Weg der Vergebung zu entscheiden, dann will ich Ihnen nicht unterstellen, dass das, was Sie erlebt haben, nicht so schlimm ist, wie Sie meinen. Der von Ihnen erlittene Schmerz ist ja schließlich tatsächlich vorhanden.

Vielleicht haben Sie durch das Verhalten eines nahen Verwandten, eines guten Freundes oder eines Fremden Unaussprechliches erleiden müssen. Vielleicht gibt es in Ihrem Leben empfindliche Stellen, die Sie kaum berühren können, weil Sie in der Vergangenheit oder Gegenwart etwas erlebt haben, das Sie anderen Menschen noch nicht einmal erzählen können.

Diese Erlebnisse, die in Ihrer Seele schmerzhafte Narben hinterlassen haben, möchte ich keineswegs verharmlosen oder kleinreden. Auch wenn manche Menschen Ihnen sagen, dass Sie „vergeben und vergessen" müssen, ist Vergebung in ihrer Reinform nur dann möglich, wenn Sie sich Ihrem Schmerz auch stellen.

Aber auf dem Weg dorthin werden wir diese harte und doch heilsame Wahrheit entdecken: Auch wenn die an Ihnen begangene Sünde noch so groß sein mag, so ist die fehlende Bereitschaft zur Vergebung ebenfalls eine schlimme Sünde. Wenn Sie nicht bereit sind, erlittenes Unrecht zu vergeben, kann das in Ihrem Leben zu schlimmeren und länger anhaltenden Problemen führen als der Schmerz, den man Ihnen zugefügt hat.

Mein Gebet für Sie

Ich habe mich gedrängt gefühlt, dieses Buch zu schreiben, weil ich weiß, dass die meisten Christen täglich auf die eine oder andere Art mit den Nachwirkungen von Unversöhnlichkeit konfrontiert werden. Davon betroffen sind Männer und Frauen, alte und junge Menschen, Verheiratete und Unverheiratete, Reiche und Arme.

Es kann eine Reaktion auf unaussprechliches Unrecht sein, das über Jahrzehnte hinweg verübt wurde, oder auf punktuelle Kränkungen und Verletzungen, die verglichen damit mikroskopisch klein, aber nichtsdestotrotz verletzend sind.

Ich habe erlebt, wie Unversöhnlichkeit verheerende Schäden anrichten kann – in Ehen und Gemeinden, am Arbeitsplatz und in christlichen Einrichtungen. Ich habe erlebt, wie durch Unversöhnlichkeit langjährige Freundschaften zerstört wurden. Seine Erfahrung als Pastor hat John MacArthur zu der Überzeugung gebracht, dass „fast alle persönlichen Probleme, die Menschen in die Seelsorge treiben, auf die eine oder andere Weise mit dem Thema ‚Vergebung' zusammenhängen."[3] Kurz und gut: Vergebung ist ein *immens wichtiges* Thema.

Möglicherweise brennt schon beim Lesen dieser Worte der Groll wie ein loderndes Feuer in Ihnen. Vielleicht ist er auch weniger intensiv, eher wie ein dumpfer Schmerz. Er ist für Sie unter Umständen schon ein so vertrauter Begleiter geworden, dass Sie sich noch nicht einmal daran erinnern können, wie es ist, ohne ihn zu leben. Oder er ist so subtil und gut getarnt, dass er für Sie nicht erkennbar ist. Aber wie auch immer – Sie müssen so nicht weitermachen. Der Entschluss zur Vergebung kann für Sie ein Tor zur Freiheit werden.

„Achtet darauf", schreibt der Verfasser des Hebräerbriefs, „dass nicht jemand an der Gnade Gottes Mangel leide, dass nicht irgendeine Wurzel der Bitterkeit aufsprosse und euch zur Last werde und durch sie viele verunreinigt werden" (Hebräer 12,15; Schla 2000).

Achtet darauf. Diese von Gott inspirierten Worte machen mich auf die Gefahr aufmerksam, dass man mich als unsensibel oder platt wahrnimmt, dass ich kalt und gefühllos klinge. Deshalb bete ich ernsthaft dafür, dass kein Leser, keine Leserin Mangel an der Gnade Gottes erleide. Mögen Sie jede Geisel des Grolls und der Bitterkeit, die Sie im Gefängnis Ihrer Gedanken und Gefühle festhalten, freilassen ... und dadurch für sich selbst das Tor zur Freiheit öffnen.

Das ist der Plan Gottes für Sie. Das ist das Beste, was Gott für Sie bereithält. Und das ist der Wille Gottes für Ihr Leben.

Vergebung.

Kapitel 1
Wenn blutende Herzen weiter schlagen

Wir sprechen leichtfertig über Vergebung,
wenn wir noch nie verletzt worden sind.
Haben wir aber eine Verletzung erlitten, wissen wir,
dass es ohne die Gnade Gottes für einen Menschen unmöglich ist,
seinen Mitmenschen zu vergeben.
Oswald Chambers

In der Zeit, als ich an diesem Buch arbeitete, sagte jemand zu mir: „Ich kann mit diesem Thema nicht wirklich etwas anfangen, weil ich mit Bitterkeit und Unversöhnlichkeit nicht das geringste Problem habe."

Auch wenn das vielleicht auf ein paar Leute zutrifft, bin ich überzeugt, dass die meisten Menschen durchaus mit Unversöhnlichkeit zu kämpfen haben. Fast jeder hat in seinem Leben eine oder mehrere Personen, denen bzw. der er nicht vergeben kann.

Ich habe immer wieder diese Erfahrung gemacht. Seit vielen Jahren stelle ich bei Vorträgen nach meinen Ausführungen über Vergebung aus biblischer Perspektive dem Publikum die folgende Frage: „Wer von Ihnen kann zugeben, dass da eine bittere Wurzel in seinem Herzen ist, dass es einen oder mehrere Menschen in seinem Leben gibt oder gab, dem oder denen Sie niemals vergeben haben?"

Ich habe inzwischen wohl zehntausende Menschen um ein Handzeichen gebeten, auch solche, die bereits seit vielen Jahren Christen sind, Leiter von Bibelkreisen und Mitarbeiter in christlichen Einrichtungen. Dabei spielt es keine Rolle, in welchem Rahmen oder vor welchem Publikum mein Vortrag stattfand. Bei praktisch jeder Veranstaltung hoben zwischen 80 und 95 Prozent der Teilnehmer die Hände.

Noch immer bin ich tief betroffen, wenn ich daran denke, dass die große Mehrheit derjenigen, die Sonntag für Sonntag im Gottesdienst sitzen (und der vielen Menschen, die enttäuscht eine christliche Gemeinde verlassen haben und zu Hause bleiben), mindestens ein Samenkorn, wenn nicht sogar eine ganze Anpflanzung von Unversöhnlichkeit in ihrem Herzen tragen.

Häufig offenbaren diese erhobenen Hände, dass ihre Besitzer noch immer an den ihnen zugefügten Verletzungen leiden, ihr Herz noch immer blutet. Noch immer hören sie die verletzenden Worte, spüren das an ihnen begangene Unrecht. Noch immer können sie das, was geschehen ist, nicht unter die Füße bekommen. In anderen Fällen stehen die erhobenen Hände für Menschen, die den Schmerz in ihrem Herzen betäubt haben, die unbeteiligt oder distanziert wirken. Vielleicht haben sie innere Mauern errichtet, um sich vor erneuten Verletzungen zu schützen.

Welche Geschichte sich auch immer hinter jeder erhobenen Hand verbergen mag, ich bin davon überzeugt, dass Unversöhnlichkeit bei Kindern Gottes nicht etwa eine Ausnahme darstellt, sondern für die meisten zur Regel geworden ist. Sie haben gelernt, damit zu leben. Vielleicht tarnen sie die Bitterkeit mit einem Lachen. Oder sie begraben sie unter hektischer Betriebsamkeit. Aber wenn sie vor sich selbst und vor Gott ehrlich sind, dann sind sie nicht wirklich frei.

Ich weiß, dass es zu diesem Thema bereits gute Bücher und Materialien gibt, und dennoch: Immer wieder sehe ich diese unüberschaubar große Menge von erhobenen Händen vor mir. Von Menschen wie Sie und ich. Ich denke immer wieder an die Augen, in die ich gesehen, die Geschichten, die ich gehört habe – von Menschen mit gequälten oder abgestumpften Herzen. Wichtiger noch: Ich denke immer wieder daran, wie grundlegend sich das Leben dieser Menschen ändern kann, sobald die Mauern niedergerissen sind, sobald sie den Weg der Vergebung wählen und befreit werden aus dem Gefängnis der verletzten Gefühle und der Bitterkeit.

Das Leben schlägt tiefe Wunden

Wir können nicht über Vergebung reden, ohne uns der Tatsache zu stellen, dass der erlittene Schmerz etwas Reales ist. Wenn wir niemals verletzt worden wären, wäre Vergebung nicht nötig.

Wir gehören im wahrsten Sinne des Wortes zu einer Generation von Verwundeten. Und Verwundete neigen dazu, andere Menschen zu verwunden. (Sie haben bestimmt schon gehört, dass die gefährlichsten Tiere in der Natur *verwundete* Tiere sind.) Sehen Sie sich doch um. In unserer Welt sind willkürliche Gewalt und zerrüttete Beziehungen an der Tagesordnung. Menschen werden auf offener Straße angegriffen. Kinder gehen mit geladenen Gewehren in die Schule und richten ein Blutbad an. Woher kommt das alles? Öfter, als wir meinen, liegt die Ursache in Verletzungen in unseren Herzen und schwelender Bitterkeit, die sich zu einem Flächenbrand aus Wut, Hass, Rache und Gewalt entwickeln.

Was fällt Ihnen ein, wenn ich von Verletzungen spreche?

Vielleicht lag Ihre Kindheit unter der dunklen Wolke des sexuellen Missbrauchs. Vielleicht hat ein Bruder, ein anderer Verwandter, vielleicht sogar Ihr eigener Vater, Sie benutzt, um auf eine pervertierte Art eine ihm unbewusste Leere in seinem Herzen auszufüllen. Vielleicht hat diese furchtbare Erfahrung dazu geführt, dass Sie ständig Ihre Partner wechseln und noch immer von Wut, Schuldgefühlen und Reue verfolgt werden.

Vielleicht war der Missbrauch auch nicht körperlicher, sondern seelischer Art. Eventuell haben die gravierenden

Probleme in Ihrer Familie sich wie ein undurchdringlicher Nebel über Ihre zwischenmenschlichen Beziehungen gelegt, und Sie geben noch immer Ihrer Mutter, Ihrem Vater, Ihren Großeltern oder irgendjemandem sonst die Schuld an Ihrem schlechten Start ins Leben.

Vielleicht ist es auch ein distanzierter, gefühlskalter Ehepartner, der Sie verletzt, weil er andere Prioritäten setzt als Sie, weil er vergesslich oder gleichgültig ist bei Dingen, die Ihnen selbst sehr wichtig sind.

Vielleicht sind es Ihre Geschwister, die mit Ihnen über wichtige oder auch unbedeutende Familienprobleme herumstreiten. Dieses Verhalten lässt Ihre Beziehung zu diesem Bruder oder dieser Schwester auch im Erwachsenenalter angespannt und oberflächlich sein. Dadurch wird fast jedes Familientreffen zu einer Quälerei, zu einer weiteren Situation, in der Sie Partei ergreifen und Beleidigungen ertragen müssen.

Vielleicht vermittelt Ihnen in der Firma, in der Sie arbeiten, eine neue Führungskraft das Gefühl, nichts mehr wert zu sein, und Sie meinen, dass man Sie ins Abseits drängen will. Vielleicht ist es ein Schwiegersohn, der Ihrer Tochter das Leben zur Hölle macht oder Ihre Beziehung zu Ihren Enkelkindern vergiftet. Oder Ihr Pastor missbraucht das Vertrauen der ganzen Gemeinde, indem er mit einer anderen Frau eine Affäre beginnt und Ihre Gemeinde dadurch zum Schauplatz einer Seifenoper wird anstatt zu einem Gotteshaus. Vielleicht hat auch eine andere Frau Ihnen Ihren Mann weggenommen, und seitdem prägen Ihre Wut und Ihr Groll auf die beiden Ihr ganzes Denken, Ihre innere Haltung und Ihren Alltag.

Vielleicht ist es auch etwas ganz anderes, eine andere Person oder aber eine bestimmte Situation, die sich mit schmerzhafter Häufigkeit wiederholt und alle negativen Gefühle in Ihnen wieder hochkommen lässt.

Es kommt Ihnen so vor, als ob da etwas in Ihrem Herzen ist, das nicht heraus kann. Sie fühlen sich wie in einem ständigen Kampf und meinen, Sie müssten sich permanent gegen einen Ansturm von gegensätzlichen Gefühlen wappnen.

Dieser Zustand wirkt zerstörerisch auf Ihre Beziehung zu Gott. Verschwunden ist jene Freiheit und Geborgenheit, die Sie in seiner Gegenwart immer erlebt haben. Das fehlt Ihnen, und Gott fehlt Ihnen auch. Es ist so, als ob man jeden Tag mit erhöhter Temperatur herumlaufen würde – oder sogar mit gefährlich hohem Fieber. Dieser Zustand hat für Sie alles drastisch verändert, auch die Bedeutung des Wortes „normal" in Ihrem Leben.

Jetzt stellt sich die Frage: Müssen diese Wunden aus der Vergangenheit oder Gegenwart Ihr ganzes Wesen prägen, Ihre Ziele und die Art, wie Sie dorthin gelangen? Müssen Sie mit diesem bitteren Nachgeschmack des Schmerzes leben? Und würden Sie es glauben, wenn die Antwort auf diese Frage „Nein" wäre?

Wenn Sie wüssten ...

Umstände, in denen von uns Vergebung erfordert wird, treffen uns mitten im Leben. Nur selten halten sie sich an Regeln der Fairness und meistens kommen sie ohne

Vorwarnung. Und auch wenn andere schon ähnliche Erfahrungen gemacht haben, so stellen sich häufig ganz individuelle schwierige Fragen.

Müssen Sie mit diesem bitteren Nachgeschmack des Schmerzes leben? Und würden Sie es glauben, wenn die Antwort auf diese Frage „Nein" wäre?

Hier ein paar Beispiele:

Was tun Sie, wenn das Problem nicht bloß eine alte Wunde aus der Vergangenheit ist, sondern eine, die immer wieder aufplatzt und erneut blutet? Wie verhalten Sie sich, wenn der Auslöser Ihres jetzigen Zustands der Wut und Bitterkeit nicht nur eine weit zurückliegende Erinnerung ist, sondern noch immer andauert? (Diese letzte Frage wurde mir gerade gestern erst gestellt.)

Oder wie gelingt es Ihnen, jemandem zu vergeben und gleichzeitig sich oder sogar Ihre Kinder vor der Gefahr, die von dieser Person ausgeht, zu schützen?

Wie gehen Sie mit schmerzhaften Erinnerungen um, die Sie plötzlich wie aus dem Nichts überfallen, mit jenen markanten Jahrestagen, die immer wiederkehren oder sich zu jeder Tages- und Nachtzeit in Ihre Gedanken drängen?

Was ist, wenn Ihr Zorn nicht jemandem gilt, der *Ihnen* Unrecht getan hat, sondern jemandem, der einen geliebten Menschen verletzt hat? Sollten Sie nicht kämpfen wie eine Löwenmutter, wenn Ihr Sohn in der Schule gehänselt oder Ihre Tochter von anderen Mädchen schlecht behandelt wird? Wie sollen Sie sich verhalten, wenn ein skrupelloser Kollege Ihrem Ehepartner in den Rücken fällt?

Was ist mit dem Mann, der schon von einer gemeinsamen Zukunft gesprochen hat und von dem Sie meinten, er sei der Partner, den Gott für Sie erwählt hat – bis er Schluss gemacht hat, weil er es doch nicht ernst meinte? Wie gehen Sie mit dem Schaden um, den er hinterlassen hat?

Wie können Sie es schaffen, Ihrer Frau zu vergeben, obwohl sie seit letztem Jahr wie umgewandelt ist, die Annäherungsversuche eines anderen Mannes zu genießen scheint und es ihr offenbar gleichgültig ist, was Sie davon halten?

Wie antworten Sie, wenn Ihnen jemand Zeilen wie die folgenden schreibt?

In meiner Familie herrscht Krieg. Wo Liebe sein sollte, ist Hass, und wo Mitleid sein sollte, gibt es Traurigkeit, Kampf und Streit.

Oder:

Bitte, bitte beten Sie für meine Familie. Ich weiß mir keinen Rat mehr, weil in meiner Familie nur noch Wut, Unversöhnlichkeit und Hass herrschen.

Solche Wunden sind so tief, dass nur noch Gott sie heilen kann. Keine formelhaften Worte und kein Wink mit einem Zauberstab können den früheren Zustand wiederherstellen. Wir können nicht auf „Eingabe rückgängig machen“ klicken und hoffen, dass unser Leben wieder so wird, wie es vorher war oder wie wir es uns erhofft haben.

Wenn der Schmerz uns so nahe ist, die Wunde so frisch, das begangene Unrecht so offensichtlich, wie können wir dann Vergebung üben?

Schmerz gehört zum Leben

Bevor ich mich diesen Fragen widme, möchte ich uns eine – zugegeben einfache und offensichtliche – Wahrheit ins Bewusstsein rufen:

Jeder Mensch erleidet Verletzungen.

Das ist eine Tatsache des Lebens. In dieser gefallenen Welt ist Schmerz unvermeidlich. Sie werden von anderen Menschen verletzt, ungerecht behandelt und gekränkt. Daran führt kein Weg vorbei. „In der Welt wird man Druck auf euch ausüben", sagte Jesus seinen ängstlichen, verunsicherten Jüngern (Johannes 16,33; NeÜ), wie auch Paulus seinen jungen Zögling Timotheus einige Zeit später ermahnte: „Übrigens werden alle, die zu Jesus Christus gehören und so leben wollen, wie es Gott gefällt, mit Verfolgung rechnen müssen" (2. Timotheus 3,12; NeÜ). Dabei geht es nicht darum, ob wir besonders gottesfürchtig sind oder nicht. Denn auch wenn ein gottgemäßes Leben uns in der Ewigkeit zum Segen sein wird, ist es doch so, dass selbst die besten Menschen Probleme und Schmerz erleben. Manchmal stehen Christen sogar stärker unter Beschuss als Nichtchristen.

Natürlich sind die Erlebnisse von Person zu Person unterschiedlich – sowohl in ihrer Art als auch in der Schwere. Manche Menschen durchleben einen Schmerz, der viel schlimmer ist als der ihrer Mitmenschen. Aber eine Tatsache vereint uns alle: Wir werden auf die eine oder andere Art Leid erfahren, und das nicht nur einmal im Laufe unseres Lebens. Wir alle werden Situationen erleben, die in unserem Herzen einen Nährboden für Bitterkeit und Unversöhnlichkeit schaffen.

So viel ist klar und so weit sind wir uns wohl alle einig. Aber ich möchte Sie auffordern, eine ganz andere, nicht so ohne Weiteres zu akzeptierende Beobachtung zu überdenken:

Unser Leben wird nicht bestimmt durch das, was uns passiert, sondern durch die Art, wie wir darauf reagieren.

Haben Sie das richtig verstanden? Unser Leben – unser Charakter, unser Verhalten, unser Wohlergehen, unsere Zukunft, unsere zwischenmenschlichen Beziehungen, der Beitrag, den wir in der Gesellschaft leisten – das alles wird nicht bestimmt durch das, was uns jemand antut oder antun könnte.

Natürlich werden wir beeinflusst durch die Umstände, die sozusagen die Kulisse unseres Lebens bilden, die in unserem Inneren Spuren hinterlassen und immer ein Bestandteil unserer Lebenserfahrung sein werden. Aber diese Umstände, so schrecklich sie auch sein mögen, haben nicht die Macht, den Verlauf unseres Lebens zu steuern.

Solange wir meinen, dass unser Glück und Wohlergehen von Dingen bestimmt werden, die uns zustoßen, werden wir immer Opfer bleiben, weil wir auf viele Umstände in unserem Leben keinen Einfluss haben. Aus diesem Blickwinkel betrachtet, gibt es für uns keine Hoffnung, denn dann können wir uns niemals ändern, niemals an unserer Seele gesunden, niemals frei sein. In einem stärkeren oder geringeren Maß (je nachdem, wie schlecht wir behandelt werden) sind wir immer „beschädigte Ware“, dazu bestimmt, als problembehaftete Menschen in einer problembehafteten Welt zu leben.

Bei vielen Geschehnissen in unserem Leben haben wir einfach keine Wahl. Unsere einzige Hoffnung liegt in der Erkenntnis, dass wir eine Wahl haben, wenn es darum geht, wie wir auf bestimmte Umstände *reagieren* – und dass unsere Reaktion den Verlauf unseres Lebens bestimmt.

Das klingt für Sie vielleicht nicht wie eine gute Nachricht. *„Sie wollen mir weismachen, dass ich für mein Schicksal* selbst *verantwortlich bin? Also liegt die Last wieder auf mir. Und das soll mir helfen?“*

> Unsere einzige Hoffnung liegt in der Erkenntnis, dass wir eine Wahl haben, wenn es darum geht, wie wir auf die Umstände in unserem Leben reagieren.

Aber auch wenn Sie sich gefangen fühlen durch Ihre Reaktion auf die Wunden, die Ihnen von anderen zugefügt worden sind, kann ich Ihnen eins versichern: Wenn Sie diese Wahrheit für sich annehmen, dann öffnet sich für Sie das Tor zur Freiheit.

Wir haben die Rolle des Opfers abgelegt, sobald wir als Kinder Gottes erkennen, dass seine Gnade in jeder Situation genügt, dass wir durch die Kraft seines in uns wohnenden Geistes die Fähigkeit bekommen, denjenigen, die an uns schuldig geworden sind, zu vergeben. Dann sind wir frei, über das, was uns angetan wurde, hinauszuwachsen, ja sogar durch das an uns begangene Unrecht zu reifen und im Leben anderer „Verwundeter“ und sogar derer, die an uns schuldig geworden sind, zu Werkzeugen der Gnade, der Versöhnung und Wiederherstellung zu werden.

Ja, wir können frei sein. Die Entscheidung liegt bei uns.

Wie du mir, so ich dir?

Es gibt im Grunde zwei Möglichkeiten, wie man auf Verletzungen und Unrecht reagieren kann. Jedes Mal, wenn uns jemand verletzt, entscheiden wir uns für die eine oder die andere Möglichkeit.

Unsere erste, natürliche Reaktion ist vergleichbar mit dem Verhalten eines Schuldeneintreibers. Wir sind entschlossen, dass derjenige, der uns Unrecht getan hat, für sein Vergehen bezahlen muss. Ob wir dabei mit offenen Karten spielen oder subtiler vorgehen – das Ergebnis ist das gleiche. Bis wir eine zufriedenstellende Entschuldigung erhalten, bis wir beschließen, dass eine angemessene Strafe verbüßt wurde, halten wir den Schuldigen im Schuldgefängnis fest. Wir behalten uns das Recht vor, den Betreffenden für sein Vergehen zu bestrafen. Das ist der Weg der Verbitterung und Vergeltung. Wir wollen Rache und die Bezahlung der Schuld erzwingen.

Anstatt das an uns begangene Unrecht loszulassen und es an Gott abzugeben, weil er der Einzige ist, der groß und stark genug ist, um das Problem auf seine vollkommene, gerechte und befreiende Art zu lösen, halten wir krampfhaft an der Verletzung fest. Wir nehmen den Schuldigen oder die Schuldige in Geiselhaft (oder zumindest meinen wir, das zu tun).

Denken wir an Esau und Jakob, an einen Betrug, ein gestohlenes Geburtsrecht. Die lebenslange Hoffnung auf ein Leben unter dem göttlichen Segen und in Wohlstand war für Esau endlich in greifbare Nähe gerückt, doch dann ... ein Trick, eine Verschwörung, angezettelt von einer Mutter, die den anderen Sohn bevorzugte, und

Esaus rechtmäßiger Anspruch auf den väterlichen Segen wurde in letzter Minute zunichtegemacht. „Esau feindete Jakob wegen des Segens an, den dieser von seinem Vater erhalten hatte. Er dachte: ‚Mein Vater lebt nicht mehr lange. Wenn dann die Trauerzeit vorbei ist, werde ich meinen Bruder Jakob erschlagen'" (1. Mose 27,41; NeÜ). Er speicherte seine Wut auf, wartete den richtigen Augenblick ab, plante seine Rache ... und noch einiges mehr.

Aber wenn wir die Rolle des Schuldeneintreibers übernehmen, dann bedeutet das mehr, als unsere Schuldner im Schuldgefängnis festzuhalten. Wir sperren uns dadurch selbst ins Gefängnis.

Ein Kollege hat mir eine erschütternde Geschichte von einer Frau erzählt, die ihrer Gemeinde davon berichtet hatte, wie der Herr ihr offenbart hatte, dass sie den Weg der Vergebung wählen müsse. Als Kind hatte sie in einer Kleinstadt gelebt. Eines Tages war sie mit ihrer Freundin zum Bezirkssheriff gegangen, dessen Büro sich im selben Gebäude befand wie das Stadtgefängnis. Für die Kinder war dieser Mann immer ein guter Freund gewesen, ein netter Mann in Uniform und mit Sheriffstern, eine Respektsperson. Irgendwann im Laufe des Nachmittags lief die Freundin nach draußen, weil sie spielen wollte, und so war sie mit dem Sheriff allein in dessen Büro. Plötzlich veränderte sich der Gesichtsausdruck des Mannes und das kleine Mädchen wurde unruhig. Die Atmosphäre im Raum war auf einmal voller Spannung und sogar ein bisschen unheimlich. Der Sheriff näherte sich dem kleinen Mädchen und flüsterte ihm zu: „Wenn du deinen Eltern erzählst, was ich jetzt mache ..." – er deutete auf die Gitter der Gefängniszellen hinter ihm –, „… dann stecke ich dich in eine dieser Zellen.“

Dann begann er, das Mädchen sexuell zu missbrauchen.

Die Geschehnisse dieses Tages lagen weit in der Vergangenheit, als die inzwischen erwachsene Frau endlich erzählte, wie der Mann, dem sie vertraut hatte, ihre kindliche Unschuld zerstört hatte. Als sie daran zurückdachte, wie der Sheriff ihr angedroht hatte, er würde sie einsperren, wenn sie ihren Eltern von dem Missbrauch erzählen würde, sagte sie: „Jetzt erkenne ich, dass ich ihn an jenem Tag in meinem Herzen in eine ‚Gefängniszelle‘ gesteckt und ihn in all diesen Jahren dort festgehalten habe.“

Als Gott ihr schließlich die Augen öffnete und sie erkannte, welchen Schaden ihre unversöhnliche Haltung in ihr selbst (und in ihrer Ehe) anrichtete, wurde ihr noch etwas bewusst: An jenem Tag vor vielen Jahren hatte sie auch sich selbst in ein Gefängnis gesperrt. Und während der Mann, der ihr so Schlimmes angetan hatte, schon längst tot war, war sie selbst nach all der Zeit noch immer eingesperrt. Ihre Unversöhnlichkeit und Bitterkeit hatten sie in einem von ihr selbst geschaffenen Gefängnis festgehalten – über Jahre oder sogar Jahrzehnte hinweg.

War es ihre Schuld gewesen, dass sie von einer Autoritätsperson missbraucht wurde? Natürlich nicht. Das kann ich nicht deutlich genug sagen. Aber wer hat unter ihrer Unversöhnlichkeit am stärksten gelitten? Und warum sollte diese Frau „im Gefängnis“ sein für ein Verbrechen, das ein anderer begangen hat?

Der Wunsch nach Rache, nach einem „Wie du mir, so ich dir“ ist eine natürliche Reaktion sündiger Menschen auf erlittene Verletzungen, auf Missbrauch oder Misshandlung. Daraus erwächst jedoch immer die bittere Frucht eines tieferen Schmerzes, eines aufgestauten Grolls und einer inneren Knechtschaft.

Aber es gibt einen anderen Weg. Einen besseren Weg – den Weg Gottes.

Loslassen befreit

Es gibt eine Alternative zum Aufrechnen von Schuld, zu dem Weg der Bitterkeit und Vergeltung. Gott fordert uns zu einer klaren, kraftvollen Entscheidung auf – zu einer Entscheidung für die Vergebung. Er will, dass wir, wenn es uns möglich ist, den Weg der Wiederherstellung und Versöhnung wählen.

In der Bibel wird uns dieser Weg nicht als eine Alternative von vielen aufgezeigt. „Wie der Herr euch vergeben hat", schreibt der Apostel Paulus in Kolosser 3,13, „müsst auch ihr vergeben" (NeÜ). Hier gibt es keine Grauzonen oder Spielräume.

Auch der Herr selbst hat sich klar und deutlich ausgedrückt: „Doch wenn ihr betet, müsst ihr zuerst jedem vergeben, gegen den ihr etwas habt" (Markus 11,25; NeÜ). „Etwas gegen jemand haben" – das deckt praktisch alles ab. Kein Unrecht ist zu groß, kein Verursacher von Schuld überschreitet die Grenzen, bis zu denen sich unsere Vergebung erstrecken sollte. Unsere Gemeinschaft mit Gott erfordert diese Bereitschaft zur Vergebung, ja, sie hängt sogar davon ab. Wenn wir deshalb als

Kinder Gottes in unserer Haltung der Unversöhnlichkeit verharren, müssen wir uns bewusst machen, dass unser Verhalten gleichzusetzen ist mit Ungehorsam gegenüber Gott. Vergebung ist nicht nur ein Angebot, das nur für einen superfrommen Christen gilt.

Ja, Vergebung ist unnatürlich. Sie ist übernatürlich. Und manchmal ist sie beinahe unglaublich.

Fragen Sie den Chirurgen, dessen Fehler die Mutter meiner Freundin Margaret Ashmore das Leben gekostet hat. Sie wurde mit Schmerzen im Brustkorb in die Notaufnahme des Krankenhauses gebracht. Trotzdem war sie noch immer gut gelaunt und bei vollem Bewusstsein, als sich bei der Untersuchung herausstellte, dass sie einen leichten Herzinfarkt erlitten hatte. Nach einer kurzen Besprechung entschied sich eine kleine Gruppe von diensthabenden Ärzten für eine Angioplastie, um die diagnostizierte Verstopfung in den Arterien zu beseitigen. Sie wurde sofort in den Operationssaal gebracht. Alle erwarteten eine rasche Besserung ihres Zustandes.

Aber während des Eingriffs pumpte der Chirurg den Ballon für die Gefäßerweiterung zu rasch und zu früh auf. Das angegriffene Herz von Margarets Mutter wurde irreparabel geschädigt und sie fiel in ein Koma.

Drei Stunden später war sie tot.

Margarets Vater war untröstlich. Seine Frau, mit der er 42 Jahre lang eine harmonische, von großer Liebe und Treue geprägte Ehe geführt hatte, war plötzlich nicht mehr da, nur weil ein Chirurg einen Fehler gemacht hatte.

Die Tage, die auf den Tod von Margarets Mutter folgten, waren für meine Freundin kaum zu ertragen. Ihr sonst so freundlicher, sanfter Vater verwandelte sich vor ihren Augen in einen wahren Wirbelsturm aus Wut, Trauer, Verzweiflung und ... Rachegelüsten. Unerbittlich in seiner Wut, gequält von einem gebrochenen Herzen, begann er seinen persönlichen Rachefeldzug gegen das Krankenhaus. Er bestand auf einem Treffen mit der Krankenhausleitung und den Ärzten, die für die Behandlung seiner Frau zuständig gewesen waren. Er schwor sich, diesen Leuten in die Augen zu blicken und ihnen mitzuteilen, dass er vor Gericht ziehen und ihnen alles nehmen wollte, was für sie von Bedeutung war, weil er sehen wollte, wie sie unter den Folgen ihres Fehlers leiden mussten.

Das Pflegepersonal und die Ärzte warteten ängstlich auf die Ankunft von Margarets Vater und auf die von ihnen befürchtete Konfrontation. Sie zitterten bei dem Gedanken an das, was sie zu hören bekommen sollten. Wie geht man mit einer derartigen Situation um?

Gar nicht ... wenn Gott eingreift.

Auf dem Weg zu dem Treffen kam Margarets Vater eine wichtige Erkenntnis. Wenn er jemals aus diesem inneren Kerker der Wut und Bitterkeit ausbrechen wollte, musste er das tun, was Gott bereits für ihn getan hatte: Er musste vergeben.

Die im Raum Versammelten waren verblüfft, als er an jenem Tag zur Tür hereinkam, zu dem Mann ging, dessen Fehler seine geliebte Frau das Leben gekostet hatte, ihm die Hand entgegenstreckte und sagte: „Wenn ich für den Rest meines Lebens in Frieden leben will, habe ich nur eine Möglichkeit: Ich muss Ihnen vergeben."

Die Leute im Raum waren wie versteinert. Der Arzt begann zu weinen. Es schien unendlich lange zu dauern, bis er die Hand von Margarets Vater losließ, weil er einfach nicht fassen konnte, dass dieser Mann von seinem Recht auf Vergeltung keinen Gebrauch machte.

An jenem Tag verließen zwei Personen das Krankenhaus als freie Menschen. Die größte Freiheit hatte jedoch derjenige erlangt, der die Befreiung angeboten, derjenige, der Vergebung geübt hatte.

Wie ein Giftbecher

Noch einmal: Vergebung ist kein leichter Weg. Darüber braucht man nicht zu diskutieren. Es ist schwer, überhaupt darüber nachzudenken. Es ist schwer, es zu tun. Und es ist schwer, bei dieser Haltung zu bleiben. Aber wenn wir uns einmal aus unserer eigenen Situation zurückziehen könnten, irgendwohin, von wo aus wir sie deutlicher sehen können, wo die Wunden und Narben uns nicht wehtun, sobald wir uns in eine bestimmte Richtung drehen oder uns plötzlich bewegen, dann würde uns noch etwas bewusst werden.

Wir würden erkennen, dass es nur noch schlimmer wird, wenn wir nicht bereit sind zu vergeben.

Rudy Tomjanovich war ein Basketballprofi, auf den im Jahr 1977 eine weitere erfolgreiche Saison zu warten schien. In jenem Jahr bereitete sich seine Mannschaft, die *Houston Rockets*, auf den Titelgewinn vor. Am 9. Dezember spielten die *Rockets* in Los Angeles gegen die *Lakers*, die dortige Lokalmannschaft. Der Ausgleich war erzielt worden, und die zweite Halbzeit hatte gerade begonnen, als in der Nähe des Mittelfeldes zwei

Spieler eine Schlägerei anfingen. Tomjanovich, der von der Kampfszene ziemlich weit entfernt war, sprintete los, um seinen Mannschaftskameraden zu helfen. Kermit Washington war einer der Spieler, die in die Schlägerei verwickelt waren. Er erinnert sich, wie er aus dem Augenwinkel plötzlich einen roten Fleck hinter sich auftauchen sah (das rote Trikot von Tomjanovich). Washington wirbelte herum und platzierte einen Faustschlag in Rudys Gesicht. Dieser fiel auf den Rücken, wobei sein Kopf auf dem Boden aufschlug.

Heute noch kennen eingefleischte Basketballfans diesen Vorfall unter dem Stichwort „Der Faustschlag". Tomjanovich lag ein paar Sekunden lang bewegungslos da. Er war k. o. geschlagen worden. Später verglichen Ärzte diese Kombination aus einem kräftigen Kinnhaken und der raschen Vorwärtsbewegung mit dem Zusammenstoß zweier Lokomotiven bei Höchstgeschwindigkeit. Rudys Verletzungen glichen denen eines Autofahrers, der bei 100 Stundenkilometern auf eine Windschutzscheibe prallt. Hier ging es nicht nur um eine blutig geschlagene Nase. (Seine Frau ärgert sich heute noch darüber, wenn jemand die Verletzung ihres Mannes als Nasenbeinbruch bezeichnet. „Der einzige Knochen, der in seinem Gesicht nicht gebrochen war, war sein Nasenbein", sagt sie.) Sein gesamter Schädel hatte sich verschoben. Seine Kiefer passten nicht mehr richtig aufeinander. Sogar seine Tränenkanäle waren geplatzt. Es hätte nicht viel gefehlt und er wäre gestorben.

In der nächsten Saison – nach fünf gesichtschirurgischen Eingriffen – versuchte Rudy ein Comeback in dem Spiel, das er so sehr liebte. Aber er brachte es nur für kurze Zeit zu jener Höchstleistung, die er sich vor jenen schicksalhaften Sekundenbruchteilen an diesem Abend im Dezember hart erarbeitet hatte. Kurz darauf zog er sich aus dem aktiven Profisport zurück, weil er erkannte, dass er nie wieder die erwartete Leistung würde bringen können. Er wollte es seiner Familie nicht zumuten, in eine andere Stadt umzuziehen, nur um seine Karriere als Basketballspieler noch ein wenig zu verlängern.

Es war so schnell geschehen, ohne Vorwarnung. Am Tag zuvor war der Konkurrenzkampf unter Profisportlern für ihn ganz normal gewesen. Am nächsten Tag bedeutete „normal" für ihn, stundenlang auf der Intensivstation zu liegen und nicht zu wissen, ob er sterben oder überleben würde.

Dass er plötzlich in einem Krankenhausbett liegen würde, hatte niemand beabsichtigt. Ein Funke war entfacht worden, eins hatte zum anderen geführt, und die Lage war außer Kontrolle geraten. Manchmal passiert so etwas eben. Bestimmt denken Sie gerade an ein Ereignis in Ihrem eigenen Leben, wo sich die Stimmung aufheizte, die Emotionen plötzlich hochkochten und dann ... ja, dann war der Schaden auch schon angerichtet. Dann gab es kein Zurück mehr. Die Worte, die gefallen, die Dinge, die geschehen waren – sie haben Ihr Leben verändert.

Als man ihn einmal fragte, ob er Kermit Washington vergeben habe, dass er ihm jenen Fausthieb verpasst hatte, der seiner Karriere als Profispieler ein Ende setzte, antwortete Rudy: „Jemand hat mir gesagt: ‚Wenn du Kermit hasst, dann ist das so, als ob du einen Giftbecher austrinkst und hoffst, dass ein anderer stirbt.' Ich versuche immer, mich an diesen Satz zu erinnern."[1]

Einen Giftbecher austrinken und hoffen, dass ein anderer stirbt. Das ist ein drastisches Bild für die Wirkung, die Unversöhnlichkeit auf ein menschliches Herz hat. Obwohl dieser „Giftbecher" sich vielleicht richtig anfühlt, obwohl diese Haltung vielleicht gerechtfertigt oder für uns die einzig richtige Möglichkeit zu sein scheint, ist das Gift zerstörerisch und tödlich, wenn man es trinkt. Die Waffe, die wir gegen einen Menschen verwenden, der uns Unrecht getan hat, wird zum Schwert, das gegen uns selbst gerichtet ist. Der daraus entstehende Schaden ist viel schlimmer für uns und für diejenigen, die uns lieben, als für diejenigen, die uns verletzt haben.

Eine treffende Definition des Wortes Unversöhnlichkeit: *„Einen Giftbecher austrinken und hoffen, dass jemand anderer stirbt."*

Das Tor zur Freiheit

Mir ist bewusst, dass Sie auf dem Weg der Vergebung in Bereiche Ihres Lebens eindringen, die empfindlich sind und bei Berührung noch immer wehtun. Aber mir ist auch bewusst, dass unser natürlicher Umgang mit diesen Verletzungen die Wunden immer wieder aufreißt und die Entzündung nicht abklingen lässt. Nur der Weg Gottes – einzig und allein sein Weg – gibt uns Hoffnung auf Heilung und Befreiung von den unvermeidlichen Problemen und Nöten in unserem Leben.

Es war kein leeres Versprechen oder Ausdruck eines Wunschdenkens, als Jesus sagte: „... und [ihr] werdet die Wahrheit erkennen, und die Wahrheit wird euch frei machen“ (Johannes 8,32). Die Entscheidung, unseren Mitmenschen zu vergeben und den Weg der göttlichen Wahrheit zu gehen, ist der von Gott vorgesehene Weg und Ihr persönliches Tor zur Freiheit.

Nur diejenigen, die den ersten Schritt auf diesem Weg machen, werden es herausfinden.

Zum Nachdenken

- Gibt es eine Person oder einen bestimmten Umstand, die/den Sie dafür verantwortlich machen, wie sich Ihr Leben entwickelt hat? Wie können Sie Befreiung erleben, wenn Sie für Ihre Reaktion auf diese Person oder Situation selbst die Verantwortung übernehmen?
- Versuchen Sie, jemanden, der Ihnen Unrecht getan hat, zur Bezahlung der begangenen Schuld zu zwingen? Wie treiben Sie bei dieser Person die Schuld ein? Was hindert Sie daran, dieser Person zu vergeben und sie dadurch von ihrer Schuld zu entbinden?
- Können Sie sich an eine Situation erinnern, in der Sie Vergeltung geübt oder einen Groll gehegt haben, anstatt dem Menschen, der Sie verletzt hat, zu vergeben? Welche Folgen hatte Ihr Verhalten? Wie gestaltete sich Ihre Beziehung zu der oder dem Betroffenen? Was hat sich aufgrund Ihrer Reaktion bei Ihnen geändert? Welchen Einfluss hatte Ihre Reaktion auf Ihre Beziehung zu Gott?

Kapitel 2
Wenn wir nicht vergeben wollen

Jede Rache ist von ihrem Wesen her ein Gift.
Und auch wenn wir nicht so viel davon schlucken,
dass wir unserem Leben ein Ende setzen,
wirkt schon eine kleine Dosis verderblich auf unser Blut;
dadurch wird es uns erschwert, wieder ganz gesund zu werden.
William Law

Verwundete Herzen können von heftigen Gefühlen geplagt werden. In unserem Werk erreichte uns ein herzzerreißender Brief. Der Absender war ein junger Mann, ein Diakon in einer christlichen Gemeinde. Seine Worte verdeutlichen, wie intensiv diese Gefühle und wie dauerhaft und weitreichend ihre Auswirkungen im Laufe der Zeit sein können. Dieser Brief zeigt auch, wie weit verletzte Menschen gehen, um mit ihrem Schmerz fertig zu werden:

Mein Vater verließ uns, als ich zwei Jahre alt war. Dabei wünschte ich mir so sehr, einen Vater zu haben. Ich hasste ihn, weil er mich verlassen hatte. Ich hasste ihn so sehr, dass ich ihm den Tod und die Hölle wünschte.

Ich bin in den Bergen aufgewachsen. Die Leute dort sind sehr abergläubisch. Sie sagten, dass ein Mensch sterben würde, wenn man einen Nagel in einen Baum schlagen und dabei den Namen dieser Person aussprechen würde.

In der Nähe von meinem Zuhause stand eine große Kiefer. Ich ging Tag für Tag zu diesem Baum, schlug Nägel in den Stamm und sprach dabei den Namen meines Vaters aus. Ich weiß nicht, wie viele Nägel ich in diesen Baum schlug, aber mein Vater starb nicht. Ich hasste ihn so sehr.

Dieser Hass auf meinen Vater zerstörte meine erste Ehe und bedroht meine zweite. Ich bin nur noch eine leere Hülle und ich habe keine engere Beziehung zu einem anderen Menschen.

Bei der Arbeit an diesem Buch lagen mir die Leser und Leserinnen am Herzen, denen es geht wie dem Schreiber dieses Briefes. Hass und Bitterkeit zerstören ihr Leben und ihre zwischenmenschlichen Beziehungen, und das wissen sie auch. Aber aus irgendwelchen Gründen waren sie nie bereit oder fähig, diese Bitterkeit loszulassen und den Menschen, die ihnen unrecht getan haben, zu vergeben.

Eine weitere Gruppe von Menschen liegt mir am Herzen, und ich befürchte, dass ihre Zahl weitaus größer ist. Das sind diejenigen, die sich gar nicht für bitter und unversöhnlich halten. Diese Leute schlagen keine Nägel in Baumstämme, während sie anderen Menschen den Tod wünschen. Aber wenn sie bereit wären, sich dem

Wirken des Geistes Gottes zu öffnen, dann würden sie merken, dass in ihren Herzen Samen der Bitterkeit aufgekeimt sind.

In unserer therapiegeprägten Kultur ist es gesellschaftsfähig, wenn wir zugeben, dass wir „verletzt" oder „verwundet" sind. Bei diesen Begriffen liegt der Schwerpunkt auf dem Unrecht, das uns geschehen ist. Aber viel schwieriger ist es, zuzugeben, zugelassen zu haben, dass sich eine Verletzung auf die Stufe von Unversöhnlichkeit oder Bitterkeit aufschwingt (oder besser gesagt absinkt), denn dann liegt die Verantwortung auf unseren Schultern.

Unsere Gesellschaft ist so stark durchsetzt von Hass und Bitterkeit, dass solche Gefühle für uns beinahe zu einer normalen Reaktion auf das Leben geworden sind. In Amerika werden bei den Gerichten täglich zehntausende neue Klagen eingereicht. Das sind viele Millionen pro Jahr! Und diejenigen, die ihre Bitterkeit nicht in einem Rechtsstreit zum Ausdruck bringen oder sie in Gewaltverbrechen bzw. Süchten ausleben, leiden häufig unter subtileren Symptomen wie leisem Misstrauen, Unsicherheit, unbegründeten Ängsten, missmutiger Gleichgültigkeit, zwanghafter Unruhe und Rastlosigkeit.

Unsere Gesellschaft ist so stark durchsetzt von Hass und Bitterkeit, dass solche Gefühle für uns beinahe zu einer normalen Reaktion auf das Leben geworden sind.

Wie können Sie feststellen, ob sich in Ihrem Leben eine Verletzung in Bitterkeit verwandelt hat? Vielleicht geht es Ihnen wie der jungen Frau aus dem

Bundessstaat Georgia, die mir in einem Brief berichtete, wie sie endlich ihre Bitterkeit über die Scheidung ihrer Eltern in den Griff bekommen hatte. Sie schrieb: „Die Leute sagen mir immer, wie ‚süß' ich doch bin und dass ich immer ein Lächeln auf den Lippen habe. Aber ich glaube, tief in meinem Inneren bin ich verbittert und wütend auf so vieles. Jetzt, wo ich das erkannt habe, will ich, dass diese Bitterkeit aus mir herausgeht."

Oft jedoch erkennen wir es nicht, selbst wenn dieses Gefühl da ist. Doch wie können Sie es wissen? Stellen Sie erst einmal fest, ob Sie die folgenden Aussagen nachempfinden können:

- Oft spiele ich in Gedanken den Vorfall/die Vorfälle durch, der/die mich verletzt hat/haben.
- Wenn ich an eine bestimmte Person oder Situation denke, empfinde ich immer noch Wut.
- Ich bemühe mich, nicht an die Person, das Ereignis oder die Situation zu denken, die bzw. das mich so sehr verletzt hat.
- Ich habe den unterschwelligen, geheimen Wunsch, dass der oder die Betreffende für das Unrecht, das er oder sie mir angetan hat, bezahlen soll.
- Ich will es mir nicht eingestehen, aber es würde mir nichts ausmachen, wenn dem Menschen, der mir Unrecht getan hat, etwas zustoßen würde.
- Mir fällt auf, dass ich anderen häufig erzähle, wie sehr dieser Mensch mich verletzt hat.
- Viele meiner Gespräche drehen sich um diese Situation.

- Wenn sein oder ihr Name erwähnt wird, neige ich eher dazu, etwas Negatives über sie oder ihn zu sagen als etwas Positives.

Solche Gedanken offenbaren dunkle Winkel der Verbitterung und Unversöhnlichkeit in unseren Herzen. Dadurch sehen wir Züge an uns, die wir niemals haben wollten.

Wie schlimm ist es?

Es ist nicht meine Absicht, Sie mit Schuldgefühlen zu belasten oder Ihnen in einer emotionsgeladenen Situation zusätzliche Verantwortung zuzuschieben. Aber wenn wir Befreiung erfahren wollen, müssen wir uns zunächst bewusst machen, wie tief die Unversöhnlichkeit in unser Leben hineinreicht. Wir müssen erkennen, welchen Schaden diese Haltung bei vielen bereits angerichtet hat und auch bei uns anrichten kann. Und wir müssen uns auch der Tatsache stellen, dass Unversöhnlichkeit eine Sünde ist, genauso wie das Unrecht, das an Ihnen begangen wurde. Unversöhnlichkeit ist nicht schlimmer als dieses Unrecht, aber auch nicht weniger gravierend.

Die meisten wissen es aus eigener Erfahrung: Wenn sich eine Sünde in unserem Herzen festsetzen kann, dann beschränkt sie sich nicht auf ihre eigene kleine Ecke. Bekennen und bereuen wir diese Sünde nicht, prägt sie früher oder später unseren ganzen Charakter, unser körperliches und emotionales Wohlbefinden, unser Verhalten, unsere gesamte Lebensperspektive.

Mit der Unversöhnlichkeit ist es genauso. Wenn wir mit Verletzungen nicht so umgehen, wie Gott es will, wenn wir in unserem Herzen Verbitterung beherbergen, dann wird sich diese Bitterkeit wie eine Infektion in uns festsetzen, bis wir schließlich alles aus dem Blickwinkel des erlittenen Schmerzes sehen – alles, was andere Menschen tun, alles, was mit uns passiert.

Deshalb möchte ich Ihre Last nicht noch schwerer machen, als sie ist, sondern Ihnen weiteren Schmerz ersparen, indem ich versuche, dieses Thema und die bitteren Erfahrungen, die Sie eventuell gemacht haben, aus der Perspektive des Wortes Gottes zu betrachten. Ich wünsche Ihnen von Herzen, dass Sie den Segen, die Freiheit und die verändernde Kraft des gelebten Gehorsams erfahren.

Im Folgenden beschäftigen wir uns weiter mit der Frage, was Bitterkeit wirklich ist, was sie bewirken kann, und – wichtiger noch – wir wollen herausfinden, wie man sie durch die Kraft und Gnade unseres großen Gottes überwinden kann.

Was schmeckt so bitter?

Die meisten kennen die mahnenden Worte des Apostels Paulus in Epheser 4,31: „Alle Bitterkeit und Wut und Zorn und Geschrei und Lästerung sei von euch weggetan, samt aller Bosheit!" Später werden wir die

„Kehrseite der Medaille“ betrachten, die wir im nächsten Vers finden („Seid aber zueinander gütig, mitleidig und vergebt einander ...“). Doch zunächst wollen wir uns auf das konzentrieren, was wir loswerden wollen.

Das im Neuen Testament mit „Bitterkeit“ übersetzte griechische Wort hat den Wortstamm *pik*. Der Klang des Wortes entspricht seiner Bedeutung, denn wörtlich heißt es „zwicken“ oder durchstechen. Es kann sich auf einen scharfen, spitzen Gegenstand beziehen oder auf einen bitteren, scharfen Geschmack. Im übertragenen Sinn beschreibt es „jenen Zustand der Wut und Verbitterung, der sich entwickeln kann, wenn wir uns in Schwierigkeiten befinden.“[1]

Betrachten wir jetzt noch einmal die anderen Begriffe, die Paulus in seiner Liste aufführt, die Handlungen und Haltungen, die mit Bitterkeit einhergehen.

- *Wut und Zorn*: ein intensiverer Grad von Verbitterung, Feindseligkeit und Rage, die bei entsprechendem Ansporn und Druck alles überschwemmen können – wie ein Fluss, der bei einem Sommergewitter blitzartig über die Ufer tritt

- *Geschrei und Lästerung*: unkontrollierte Wutausbrüche, die Verwendung von Worten, um Vergeltung zu üben, das Herabsetzen und die schlechte Darstellung von anderen, rufschädigendes Reden

- *Bosheit*: die Absicht, anderen Schmerz zuzufügen, ein vorsätzlicher Angriff auf die Schwachstellen eines

Menschen, der uns Unrecht getan hat, ein Ausleben der bitteren Gedanken und Gefühle in unserem Herzen

Haben diese Dinge in Ihrem Herzen Wurzeln geschlagen? Bitterkeit, die wir in uns tragen, findet unweigerlich einen Weg in unser Reden und in den Tonfall unserer Stimme. Es ist interessant, in welch engem Zusammenhang „Bitterkeit" und „Fluchen" in Römer 3,14 genannt werden: „Ihr Mund ist voll Fluchens und Bitterkeit." Beide stammen aus derselben hässlichen Quelle.

In Kolosser 3,19 bildet Paulus ein Gegensatzpaar aus Liebe und Bitterkeit. Er warnt davor, dass Letzteres die Beziehung zwischen Eheleuten infizieren könnte. „Ihr Männer, liebt eure Frauen", lautet seine Anweisung, „und seid nicht bitter gegen sie!" In anderen Bibelübersetzungen heißt es: „und geht nicht rücksichtslos mit ihnen um". Bitterkeit und Rücksichtslosigkeit sind eng miteinander verknüpft, sogar in der Ehe. Ich musste schon mehr als einmal mit ansehen, wie Bitterkeit Ehen zerstört und sabotiert hat. Paare, die einst Zärtlichkeit und Zuneigung füreinander empfunden haben, werden schließlich zu Erzfeinden, verletzen einander mit harten, bissigen Worten, vergelten einander jedes zugefügte Unrecht, jeden Schmerz.

Und warum tun wir so etwas? Warum gewähren wir diesen unerwünschten Eindringlingen namens Bitterkeit, Wut und Zorn, Geschrei, Lästerung und Bosheit den Zutritt, gewähren ihnen ein Bleiberecht und bewahren sie auf wie schädliche Giftstoffe in unserem Küchenschrank? Bedenken Sie bitte Folgendes:

- Bitterkeit betrübt den Geist Gottes.
- Sie macht uns hart, kalt und erschwert anderen das Zusammenleben mit uns.
- Sie macht uns zu Menschen mit einer negativen Einstellung und Kritikgeist.
- Sie macht uns resistent gegenüber dem Plan Gottes und seiner Liebe zu uns.
- Schließlich zerstört sie uns wie Säure, die sich allmählich durch den Behälter frisst, in dem sie aufbewahrt wird.

Bittere Folgen der Bitterkeit

Vielleicht denken Sie jetzt: *Aber Sie verstehen nicht, in welcher Lage ich mich befinde. Da ist nicht alles so klar und eindeutig, wie Sie meinen.*

Ja, Ihre Situation ist vielleicht nicht vergleichbar mit der von anderen Leuten, die Sie kennen oder von denen Sie in diesem Buch lesen. Aber die Weigerung, anderen Menschen zu vergeben, hat ganz grundsätzliche Konsequenzen, unabhängig davon, ob die Schuld groß oder klein und wie verzwickt oder komplex das damit verbundene Problem ist.

In seinem tiefgründigen Gleichnis über den unversöhnlichen Knecht in Matthäus 18 beantwortete Jesus die Frage, die ihm Petrus stellte: „Herr, wie oft soll ich meinem Bruder, der gegen mich sündigt, vergeben? Bis siebenmal?“ (Vers 21). Wir erkennen darin die schrecklichen Folgen eines aufgestauten Grolls auf andere, vor allem im Vergleich zur Vergebung, die Gott uns schenkt.

Sie kennen die Geschichte. Ein König entdeckte, dass einer seiner Knechte ihm zehntausend Talente schuldete. Ein Talent war in der damaligen Zeit in etwa der Lohn, den ein Arbeiter in 20 Jahren erhalten hätte. Demnach wären 10.000 Talente etwa 200.000 Jahreslöhne. Nehmen wir einmal an, die einfache Summe von 30.000 Euro ist heute ein angemessenes Jahresgehalt. In diesem Fall wären 10.000 Talente etwa sechs Milliarden Euro, also eine Schuld, die ein Mensch noch nicht einmal bezahlen könnte, wenn er mehrere Leben hätte.

In der Zeit Jesu betrug das gesamte für den römischen Staat eingetriebene jährliche Steuereinkommen aus der Provinz Judäa etwa 900 Talente. Diese Summe reicht bei Weitem nicht an 10.000 Talente heran! Jesus hat diese astronomische Zahl mit Absicht gewählt als Beispiel für einen unvorstellbar hohen Betrag.

Der König befahl also, diesen Mann zu ihm zu bringen. Er ordnete an, ihn und seine ganze Familie als Sklaven zu verkaufen, um wenigstens einen kleinen Teil der Schulden zurückzuerhalten. Der Knecht fiel auf die Knie und flehte den König an, Geduld mit ihm zu haben. Er versicherte ihm (als würde er das überhaupt können!), dass er jeden Groschen des geschuldeten Betrags zurückzahlen würde. Obwohl der König wusste, wie unrealistisch diese Zusage war, weil der Mann niemals eine so enorme Summe würde zusammenbringen können, hatte er Mitleid mit ihm. Er erließ dem Knecht die Schuld und ließ ihn gehen.

Aber jetzt wird die Geschichte erst richtig spannend. Denn als der Knecht als freier Mann nach Hause zurückkehrte, begegnete er einem seiner Mitknechte, der ihm 100 Denare schuldete. „Und er ergriff und würgte ihn und sprach: Bezahle, wenn du etwas schuldig bist!" (Matthäus 18,28).

Vielleicht haben Sie schon gehört, dass 100 Denare den Gegenwert von ein paar Euro haben, also nicht mehr als Kleingeld darstellten. Aber ein Denar war ein Tageslohn für einen einfachen Arbeiter, und so waren 100 Denare der Verdienst von etwa drei Monaten. Wenn wir von einem Jahresgehalt von 30.000 Euro ausgehen, hätte dieser Mann ungefähr 10.000 Euro Schulden gehabt. Für die meisten Arbeiter ist das ziemlich viel Geld. Deshalb könnten wir für das Verhalten des Knechtes seinem Schuldner gegenüber sogar ein gewisses Verständnis aufbringen. Allerdings war dieser Betrag so gut wie nichts im Vergleich zu der enormen Schuld, die ihm gerade erst erlassen worden war.

Wenn ich lese, was dieser Mann seinem Mitknecht angetan hat, spüre ich, wie mein Blutdruck steigt. Seine Kaltherzigkeit und Undankbarkeit sind einfach unglaublich. Aber dann merke ich, wie der Heilige Geist liebevoll zu meinem Herzen spricht und mir sagt: „Verhältst du selbst dich nicht genauso?"

Jedes Mal, wenn ich mich weigere, jemandem zu vergeben, jedes Mal, wenn ich einen Groll hege, bin ich wie der Mann, der seinen Schuldner an der Kehle packte und von ihm forderte: „Zahl zurück, was du mir schuldest."

Als man den unbarmherzigen Knecht wieder vor den König schleppte, der ihm seine unglaubliche Schuld

Jedes Mal, wenn ich einen Groll hege, bin ich wie der Mann, der seinen Schuldner an der Kehle packte und von ihm forderte: „Zahl zurück, was du mir schuldest."

erlassen hatte, wurde er Folterknechten überliefert (Vers 34), bis er die geschuldete Summe zurückzahlen würde.

Folterknechte. Ist das nicht bezeichnend, wenn wir an das vorherige Kapitel dieses Buches denken, an das Gefängnis, in dem wir uns durch unsere Unversöhnlichkeit wiederfinden? Der Mann, der seinen Schuldner ins Gefängnis werfen ließ, landete selbst dort, und er wurde genauso behandelt, wie er seinen Schuldner behandelt hatte.

Nur für den Fall, dass wir übersehen haben, worum es in dem Gleichnis wirklich geht, verdeutlicht Jesus es in Vers 35: „So wird auch mein himmlischer Vater euch tun, wenn ihr nicht ein jeder seinem Bruder von Herzen vergebt."

Also beginnen wir an diesem Punkt.

1.) Wenn wir uns weigern, unseren „Schuldnern" zu vergeben, begeben wir uns in die Hände von „Folterknechten".

In gewissem Sinn hat Jesus hier auf die endgültige, ewige Qual hingewiesen, denn diejenigen, die in ihrer unversöhnlichen Haltung verharren, können nicht glaubhaft nachweisen, dass sie selbst jemals Vergebung erfahren haben. Wenn das der Fall ist, setzen sie sich dem ewigen Zorn und Gericht Gottes aus.

Aber die Worte Jesu lassen sich auch auf andere Art anwenden. Menschen, die sich weigern, denjenigen zu vergeben, die an ihnen gesündigt haben, könnten unmittelbaren, zeitweiligen „Folterknechten" in die Hände fallen.

Was könnten solche Folterknechte sein? Meiner Meinung nach sind viele chronische Erkrankungen auf geistigem, emotionalem und körperlichem Gebiet auf Bitterkeit und Unversöhnlichkeit zurückzuführen. Natürlich trifft das nicht immer zu. Aber Forschungsergebnisse bestätigen immer häufiger, dass Wut und Verbitterung für viele unserer körperlichen Beschwerden verantwortlich sind.

Einem Bericht des Wochenmagazins *Newsweek* zufolge gehören Studien auf diesem Gebiet zu den spannendsten Forschungsgebieten der modernen klinischen Psychologie. Gefühle wie Bitterkeit, Wut und Feindseligkeit werden in Verbindung gebracht mit Bluthochdruck, hormonellen Veränderungen, einem geschwächten Immunsystem und Gedächtnisschwund. „Jedes Mal, wenn Sie Unversöhnlichkeit empfinden“, sagte der Leiter einer Forschungsgruppe, „steigt die Wahrscheinlichkeit, dass Sie gesundheitliche Probleme bekommen.“[2]

In einem Artikel im Magazin *Reader's Digest* wird berichtet: „Dr. John Sarno, Professor für medizinische Rehabilitation an der medizinischen Fakultät der Universität von New York, vertritt die Meinung, dass fast alle Rückenbeschwerden durch blockierte Gefühle verursacht werden.“[3] Seinen Beobachtungen aus über drei Jahrzehnten Arbeit an Patienten zufolge äußern sich unterdrückte Wut und Angst schließlich in Muskelkrämpfen, Funktionsstörungen des Nervensystems und anderen Formen von Schmerz- und Taubheitsgefühlen.

Einem Beitrag des Magazins *Newsweek* zufolge bestätigt eine Studie, dass sich im Blut von Menschen, die bei Tests über Wut, Feindseligkeit oder Depression hohe Punktzahlen erreichen, die erhöhte Konzentration eines mit Herzinfarktrisiken verbundenen Proteins nachweisen lässt, und zwar eine doppelt so hohe wie bei anderen Probanden![4]

Bezeichnenderweise lassen sich das englische Wort für Wut *(anger)* und der medizinische Begriff *angina* (Enge; Anm. d. Übers.) auf denselben griechischen Wortstamm zurückführen.

Bitte verstehen Sie mich nicht falsch. Ich will keineswegs behaupten, dass jeder körperliche Schmerz oder alle gesundheitlichen Beschwerden von Bitterkeit und Unversöhnlichkeit herrühren. Aber ich bin davon überzeugt, dass es in vielen Fällen zutrifft. Es ist jedoch nicht Gottes Absicht, dass unser Körper die Last von ungelösten Konflikten und Bitterkeit mitschleppt.

Auch unsere Gesichter sprechen eine laute Sprache. Es ist erstaunlich, wie in unseren Gesichtszügen die verräterischen Zeichen von Bitterkeit und Unversöhnlichkeit zu erkennen sind.

Es ist erstaunlich, wie in unseren Gesichtszügen die verräterischen Zeichen von Bitterkeit zu erkennen sind.

Ich möchte niemanden, der unter organischen Erkrankungen leidet, verurteilen oder gar empfehlen, bei körperlichen Beschwerden keine ärztliche Behandlung in Anspruch zu nehmen. Das möchte ich an dieser Stelle noch einmal ganz deutlich sagen.

Aber Jesus stellte eine Verbindung her zwischen unserer Weigerung, anderen zu vergeben, und unserer Übergabe an Folterknechte. Wenn ich ständig unter unerklärlichen Symptomen leiden würde, dann würde ich den Herrn zumindest fragen, ob er mich damit auf etwas aufmerksam machen möchte, ob vielleicht eine unversöhnliche Haltung oder Bitterkeit

Ursache für diese unnötigen körperlichen, emotionalen oder gar geistigen Probleme sein könnte.

Ich kenne eine Frau, die genau das getan hat. Zu Beginn einer Konferenz, bei der ich als Rednerin eingeladen war, gab sie eine Karte ab mit der Bitte, für ihre Rückenprobleme zu beten. Kurz vor dem Ende der Veranstaltung ließ sie mir eine kurze Notiz zukommen, in der sie schrieb:

Nachdem ich mich entschlossen hatte, meiner Schwester und meiner Mutter zu vergeben, habe ich gemerkt, wie meine Rückenschmerzen verschwunden waren. Ich habe monatelang unter diesen Schmerzen gelitten (Folterknechte?). Ich glaube, ich habe in meinem Herzen und an meinem Körper Heilung erfahren, als ich den Schritt zur Vergebung gewagt habe.

Ich möchte es noch einmal klarstellen: Die Bereitschaft, anderen zu vergeben, ist keine Garantie für ein schmerzfreies Leben. Aber ich frage mich trotzdem, wie viel Schmerz, Zeit und Geld uns erspart bleiben könnten, wenn wir uns weigern würden zuzulassen, dass die Bitterkeit in unserem Herzen Wurzeln schlagen kann.

Unversöhnlichkeit blockiert

Aus dem Gleichnis Jesu können wir eine weitere Schlussfolgerung ziehen, und zwar:

2.) *Wenn wir uns weigern, unseren „Schuldnern" zu vergeben, können wir an uns selbst nicht die Liebe und Vergebung Gottes erfahren.*

Wir wollen noch einmal die Worte Jesu am Ende seines Gleichnisses vom unbarmherzigen Knecht lesen: „So wird auch mein himmlischer Vater euch tun, wenn ihr nicht ein jeder seinem Bruder von Herzen vergebt" (Matthäus 18,35).

Viele von uns sprechen immer wieder die folgende Bitte aus dem Vaterunser aus: „Und vergib uns unsere Schuld, wie auch wir vergeben unsern Schuldigern." Diese Formulierung dieser Bitte sollte dazu führen, dass wir uns fragen: „Was wäre, wenn Gott mir nur so weit vergeben würde, wie ich bereit bin, denjenigen zu vergeben, die *mir* Unrecht getan haben?" Dieser Gedanke ist ziemlich ernüchternd.

Wir können ihn nicht so einfach ignorieren, denn in den Versen, die direkt auf das Vaterunser in Matthäus 6 folgen, sagt Jesus: „Denn wenn ihr den Menschen ihre Vergehungen vergebt, so wird euer himmlischer Vater auch euch vergeben; wenn ihr aber den Menschen nicht vergebt, so wird euer Vater eure Vergehungen auch nicht vergeben" (Verse 14–15).

Das sind harte Worte. Sie fordern uns auf, unser Herz zu erforschen und festzustellen, ob wir wirklich Vergebung erfahren haben. John Piper formuliert es so: „Wenn wir an einer Haltung der Unversöhnlichkeit festhalten, werden wir von Gott keine Vergebung erfahren. Wenn wir so weitermachen, werden wir nicht in den Himmel kommen, denn der Himmel ist die Wohnstätte von Menschen, die Vergebung empfangen haben."[5] Natürlich können wir uns mit einer versöhnlichen Haltung bei Gott keine Vergebung verdienen, aber Menschen, denen vergeben wird, können auch bei anderen Vergebung üben. Diejenigen aber, die sich beharrlich weigern, anderen zu vergeben, können nicht behaupten, von Gott Vergebung empfangen zu haben.

Aber sogar Menschen, denen Gott vergeben hat, haben manchmal damit zu kämpfen, anderen zu vergeben. Und die fehlende Bereitschaft zur Vergebung hat immer Auswirkungen auf unsere Beziehung zu Gott.

Ich kenne viele gläubige Christen, die Schwierigkeiten damit haben, von Gott Liebe und Vergebung anzunehmen und zu erfahren. Dafür kann es die unterschiedlichsten Gründe geben. Zu den wichtigsten Ursachen gehört aber meiner Meinung nach die Weigerung, anderen Menschen zu vergeben. Die Worte Jesu zu diesem Thema sind so schonungslos und direkt, dass wir, die wir aus Gnade errettet und in unserem Inneren trotzdem unversöhnlich sind, nach Schlupflöchern suchen, dem Unausweichlichen ausweichen wollen und versuchen, uns einzureden, unser Herr müsse etwas weniger Herausforderndes gemeint haben. Schließlich weiß er doch, wie tief unser Schmerz reicht, deshalb kann er doch von uns keine vollständige Vergebung fordern. *Oder etwa doch?*

In Wirklichkeit können wir uns nirgends verstecken. „Glückselig die Barmherzigen", sagte Jesus, „denn ihnen wird Barmherzigkeit widerfahren" (Matthäus 5,7). Das bedeutet wohl im Umkehrschluss, dass diejenigen, die anderen gegenüber *nicht* barmherzig sind, diese Verheißung auch nicht für sich in Anspruch nehmen können.

Wenn wir uns weigern, anderen zu vergeben, wird in unserer Beziehung zu unserem himmlischen Vater etwas blockiert. Die Bibel bestätigt unsere eigene Erfahrung, nämlich dass es eine unmittelbare Verbindung gibt zwischen unserer Bereitschaft, anderen Menschen zu vergeben, und unserer Fähigkeit, uns die göttliche Vergebung unserer Sünden zu Eigen zu machen und zu erfahren.

Diejenigen, die an ihrer Bitterkeit festhalten, die sich weigern, anderen Menschen zu vergeben, können nicht erwarten, den vollen Wohlgeschmack der göttlichen Barmherzigkeit zu genießen.

Eine Angriffsfläche für Satan

Ich möchte zum Thema „Unversöhnlichkeit“ eine weitere, wichtige Feststellung machen:

3.) Wenn wir uns weigern, anderen Menschen zu vergeben, geben wir Satan eine Angriffsfläche in unserem Leben – sowohl bei uns selbst aus auch in unserer Gemeinschaft mit anderen Christen.

Der Apostel Paulus sprach zu den Korinthern über die große Bedeutung der Vergebung, als er versuchte, ihnen die Ursachen der Uneinigkeit in ihrer Gemeinde aufzuzeigen. Unter ihnen gab es offenbar jemanden, dessen Sünde aufgedeckt wurde, jemanden, der ihrer Gemeinde „viel Schmerz“ zugefügt (2. Korinther 2,5; NGÜ), aber seine Sünde wohl bereut hatte und nach Versöhnung strebte. Obwohl diese Entwicklung ein Grund zu großer Freude gewesen wäre, kam die Vergebung von manchen nur langsam, zögerlich und verhalten. Dadurch wurde es für den Betreffenden noch schwerer, die Barmherzigkeit seines himmlischen

Vaters für sich in Anspruch zu nehmen und einen Neuanfang in Freiheit zu erleben.

Deshalb bat Paulus die Korinther eindringlich, ihrem reuigen Bruder zu vergeben und ihn zu ermuntern (Vers 7), so wie Paulus selbst es getan hatte, „um euretwillen ... vor dem Angesicht Christi, damit wir nicht vom Satan übervorteilt werden; denn seine Gedanken sind uns nicht unbekannt“ (Verse 10–11).

Wenn wir keine Vergebung üben, ist der Teufel immer der Gewinner.

Wenn wir nicht bereit sind, anderen Menschen zu vergeben, geben wir dem Feind die Gelegenheit, uns zu übervorteilen, den Widerstreit in unseren Gedanken zu gewinnen, in unseren zwischenmenschlichen Beziehungen die Oberhand zu bekommen und unser Herz unempfänglich zu machen für das Reden des Geistes Gottes.

Aus diesem Grund lesen wir in der Bibel die mahnenden Worte: „Zürnet, und sündigt dabei nicht! Die Sonne gehe nicht unter über eurem Zorn, und gebt dem Teufel keinen Raum!“ (Epheser 4,26–27). Manchmal empfinden wir gerechten Zorn über die Sünde. Aber wenn wir zulassen, dass dieser Zorn zu Bitterkeit wird oder zu einer offenen Wunde in unserem Herzen, bauen wir dem Teufel einen Brückenkopf für sein Wirken in unserem Leben.

> Wenn wir uns weigern, anderen zu vergeben, wird in unserer Beziehung zu unserem himmlischen Vater etwas blockiert.

Diesen fortschreitenden Verfall habe ich auf drastische Weise miterlebt, und zwar im Leben einer jungen Frau, die ich kenne. Als Corinne (der Name wurde geändert) ein kleines Mädchen war, stauten sich in ihr verletzte Gefühle gegenüber verschiedenen Personen auf – z. B. gegenüber Mitgliedern ihrer Gemeinde, weil diese ihren Vater, den Pastor, auf unfaire Weise angegriffen hatten, und gegenüber ihrer Mutter, die es zwar gut mit ihr meinte, jedoch ziemlich herrisch und manchmal zu hart in ihren Erziehungsmaßnahmen war.

Corinne ließ zu, dass sich ihre verletzten Gefühle in Wut umwandelten. Diese Wut schürte ihren Groll, der förmlich hochkochte und sich in Bitterkeit und inneren Aufruhr verwandelte. Schließlich kamen alle diese negativen Gefühle an die Oberfläche und weiteten sich aus – mit katastrophalen Folgen für diese junge Frau, ihre Familie und ihre Freunde. Sie hatte Satan in ihrem Leben eine Steilvorlage gegeben, und dieses „brave Mädchen aus einem guten christlichen Elternhaus" fiel in eine tiefe Finsternis, die einst für sie unvorstellbar gewesen wäre.

Wenn wir das Tor der Vergebung zuschlagen, öffnen wir eine Tür für Satan, sodass er Einzug in unser Leben halten kann, und wir selbst händigen ihm die Waffe aus, mit der er uns übervorteilen kann.

Lassen Sie sich von Gott erziehen!

Trotz dieser mahnenden Beispiele wählen wir oft selbst den Weg der Unversöhnlichkeit. Wenn wir diesen Weg lange genug gehen, entwickeln wir uns in eine Richtung, die wir weder geplant noch gewollt haben. Wir werden zu verbitterten Menschen, ob wir uns das nun eingestehen wollen oder nicht. Und wie bei jeder anderen Sünde gilt auch hier das Prinzip: Je häufiger wir sie praktizieren, desto mehr geht sie uns in Fleisch und Blut über. Je beharrlicher wir an unseren verletzten Gefühlen, an unserer Wut und Bitterkeit festhalten, desto mehr werden wir zu Sklaven der Unversöhnlichkeit (vgl. Römer 6,16). Und je länger wir in diesem Zustand verharren, desto schwerer lassen sich diese Ketten der Sklaverei sprengen.

In uns wächst die Bitterkeit, wenn wir Schwierigkeiten und Schmerz nicht mit den Augen Gottes sehen und unsere *Erwartungen* an das Leben von der *Wirklichkeit* abweichen. Schließlich ist das Leben in einer sündigen, gefallenen Welt nicht leicht. Der Apostel Paulus erinnert uns daran mit den folgenden Worten:

Denn wir wissen, dass die gesamte Schöpfung bis heute unter ihrem Zustand seufzt, als würde sie in Geburtswehen liegen. Aber nicht nur das, auch wir selbst, denen Gott doch schon seinen Geist gegeben hat – als Vorschuss auf das künftige Erbe –, auch wir seufzen innerlich und warten sehnsüchtig auf das Offenbarwerden unserer Kindschaft: die Erlösung unseres Körpers.
Römer 8,22–23; NeÜ

Das wertvolle Kapitel 12 des Hebräerbriefes gibt uns eine besondere Perspektive auf die Nöte, die wir als Kinder Gottes durchmachen müssen. Dieses Kapitel macht uns bewusst, dass Gott die Erfahrungen in unseren Leben – sogar die schweren (vielleicht *besonders* die schweren) – dazu benutzt, um in uns etwas Bestimmtes zu bewirken: dass wir „zu unserem Besten" erzogen werden (Vers 10; NGÜ).

Ja, es dient zu unserem Besten!

Diese Denkweise ist im ersten Moment unnatürlich für uns. So unnatürlich, wie es wäre, wenn ein Kind sich darauf freuen würde, von seinen Eltern bestraft zu werden. Der nächste Vers schildert unsere eigene Erfahrung:

Jede Bestrafung tut weh. Sie ist alles andere als eine Freude. Später jedoch trägt eine solche Erziehung reiche Frucht: Menschen, die durch diese Schule gegangen sind, führen ein friedfertiges und gerechtes Leben.
Hebräer 12,11; NeÜ

Gott will nicht sagen, dass das, was in unserem Leben geschieht, bedeutungslos ist. Wenn Sie verletzt oder misshandelt werden, erwartet er nicht, dass Sie die Sache einfach abschütteln, sich wieder in den Griff bekommen und weitermachen, als sei nichts geschehen. Im Gegenteil. Aus Hebräer 12 lernen wir, dass diese Dinge für Gott Gewicht haben und sie deshalb seine besondere Sorgfalt und Aufmerksamkeit erfordern. Er will diese schmerzlichen Erfahrungen für unsere Erziehung und unser Wachstum im Glauben nutzen. Sie gehören zu seinem ewigen Ratschluss und zu seinem Plan, uns zum Bild Jesu zu formen, damit wir ein Leben zu seiner Ehre führen können.

Diese Sichtweise gibt uns Hoffnung, Mut und Durchhaltevermögen, weil wir wissen dürfen, dass alles ein Ende hat und ein erstrebenswertes Ziel in Sicht ist. Dadurch sind wir in der Lage, den Schmerz zu ertragen und die von Gott für unsere Erziehung und unser Wachstum verordneten Maßnahmen freudig anzunehmen. Und diese Sichtweise bereitet für uns den Weg zu Gesundung, Heilung und Wohlergehen in unserer Beziehung zu Gott. Der Verfasser des Hebräerbriefs drückt es so aus:

Darum richtet auf die erschlafften Hände und die gelähmten Knie, und macht gerade Bahn für eure Füße, damit das Lahme nicht abirre, sondern vielmehr geheilt werde.
Hebräer 12, 12–13

Gott verfolgt mit allem eine Absicht. Sie können ihm vertrauen. Seine Bereitschaft, sich in unser Leben einzubringen, sogar als ein Vater, der uns erzieht, ist ein Beweis für seine Liebe, nicht etwa für seine Ablehnung. Wenn wir seine Erziehung zärtlich und gehorsam annehmen, dann können wir sicher sein, dass wir in einer Vater-Kind-Beziehung zu ihm leben, dass wir zu ihm gehören.

Statt den Menschen, die Gott in unserer Erziehung als Werkzeuge benutzt, etwas nachzutragen, oder mit Sünde auf die Probleme zu reagieren, mit denen wir konfrontiert werden, werden wir zu einem ganz anderen Verhalten aufgefordert:

Jagt dem Frieden mit allen nach und der Heiligung, ohne die niemand den Herrn schauen wird.
Hebräer 12,14

Dann erinnert der Verfasser des Hebräerbriefes uns daran, wie Gottes Plan aussieht, wenn wir uns den schmerzlichen Erfahrungen des Lebens stellen müssen. Er erwähnt auch, was geschieht, wenn wir dieses fürsorgliche Handeln Gottes nicht für uns in Anspruch nehmen:

Achtet aufeinander, damit niemand sich von Gottes Gnade ausschließt! Lasst nicht zu, dass eine bittere Wurzel zur Giftpflanze wird, durch die dann viele von euch zu Schaden kommen!
Hebräer 12,15; NeÜ

Wenn wir verletzt werden, hält Gott für uns genügend Kraft bereit, damit wir mit dem erlittenen Unrecht fertigwerden und demjenigen vergeben können, der uns die Verletzung zugefügt hat. In diesem Fall haben wir zwei Möglichkeiten: Wir können uns unsere innere Not eingestehen und Gott demütig um seine Gnade bitten, damit wir dem Menschen, der an uns schuldig geworden ist, vergeben und ihn loslassen können. Oder wir wehren uns gegen das Wirken Gottes an uns, lehnen sein Angebot ab und halten an unseren verletzten Gefühlen fest.

Wenn wir die zweite Möglichkeit wählen, wird die Bitterkeit in unserem Herzen Wurzel schlagen. Im Laufe der Zeit wird diese Wurzel austreiben und ihre bittere Frucht bringen – bei uns selbst und bei unseren Mitmenschen, die von unserer Unversöhnlichkeit betroffen sind.

In Vers 16 wird dieser Sachverhalt erläutert. Es wird an einem Beispiel veranschaulicht, wie sich Bitterkeit im Leben mancher Menschen zeigen kann: „[Achtet darauf], dass nicht jemand ein *Hurer* oder ein Gottloser sei wie Esau, der für eine Speise sein Erstgeburtsrecht verkaufte!"

Selbst auf die Gefahr hin, dass ich meine Darstellung stark vereinfache, so bin ich nach meiner jahrelangen Arbeit mit Menschen, die unterschiedliche sexuelle

Sünden begangen haben, fest davon überzeugt, dass bei sexueller Sünde fast immer eine Verbindung zu einer „bitteren Wurzel" besteht, so wie bei anderen Sünden und Problemen auch.

Da ist zum Beispiel das junge Mädchen, dessen Seele ständig durch den eigenen Vater verletzt wird, der sie entweder misshandelt oder nie für sie da ist. Anstatt Gott um Gnade anzuflehen, hegt sie Groll gegen ihren Vater und sucht die ihr vorenthaltene Liebe bei ihrem Freund im Bett. Ein Heranwachsender wird von einem Erwachsenen sexuell missbraucht, oder aber er bekommt von seinem Vater nicht die Zuneigung, die er braucht. Er verweigert die Gnade, die Gott ihm anbietet, und geht aus Verbitterung sexuelle Beziehungen zu anderen Männern ein, um die innere Leere in seinem Herzen zu füllen. Ein Mann fühlt sich von seiner Frau missachtet oder eine Frau fühlt sich von ihrem Mann vernachlässigt. Statt sich an Gott zu wenden, öffnet er (oder sie) sich den Annäherungsversuchen einer Arbeitskollegin (oder eines Kollegen) bzw. einer anderen sexuellen Sünde.

Ich bin fest davon überzeugt, dass bei sexueller Sünde fast immer eine Verbindung zu einer „bitteren Wurzel" besteht, so wie bei anderen Sünden und Problemen.

Diese Menschen verkaufen ihr Geburtsrecht als Kinder Gottes. Doch was bekommen sie dafür? Ein Leben in Sklaverei, Perversion, Scham, Generationen von zerrütteten Familien. Ich habe so etwas immer und immer wieder gesehen.

Sobald die bittere Wurzel Raum für Wachstum findet, ist das Leben dieser Menschen – und unzähliger weiterer, die davon betroffen sind – voller Aufruhr und von Sünde befleckt.

Genau das geschah mit einem Mann, den ich gut kenne. Gemeinsam mit seiner Frau diente er viele Jahre dem Herrn, und der Dienst der beiden wurde von Gott reich gesegnet. Dann gab es jedoch eine Zeit, in der „Dan" es zuließ, dass Stolz und Selbsttäuschung fast unbemerkt in seinem Herzen Wurzeln schlugen. Im Rückblick auf diese Zeit sagte er erst kürzlich: „Damals war mir nicht bewusst, dass ich mich der Bitterkeit und verletzten Gefühlen hingegeben hatte."

Als sich in seinem Dienst nicht die Gelegenheiten boten, die er sich erhofft hatte, war Dan enttäuscht von Gott. Weil er Gott nicht um Hilfe bat, um mit seiner Enttäuschung fertigzuwerden, öffnete er der Bitterkeit Tür und Tor – zuerst in seiner Beziehung zum Herrn, dann in der zu seiner Frau. Die Zeit verging und er verschloss sich sowohl Gott als auch seiner Frau gegenüber. Schließlich nahm der Feind die Gelegenheit wahr und begann, Dan mit Versuchungen sexueller Art zu bombardieren.

Weil er bereits beschlossen hatte, sich gegen die Gnade Gottes zu wehren, war er für den Teufel ein leichtes Ziel. Als die Versuchung immer stärker wurde und er ihr schließlich erlag, gab er Gott die Schuld und wurde noch verbitterter. „Die Leute schienen nicht mehr so viel Verständnis für mich zu haben wie sonst und Gott schien meine Gebete nicht mehr wie gewohnt zu erhören", sagte er. „Das Problem lag darin, dass ich in meinem Stolz und in meiner Selbsttäuschung zutiefst verbittert wurde und dadurch allen Arten von sexueller Sünde Tür und Tor öffnete."

Es war nur noch eine Frage der Zeit, bis diese bittere Wurzel zu einer ausgewachsenen Giftpflanze wurde und sich in handfestem Ehebruch zeigte. „Als Nächstes warf ich alles über Bord, was ich früher als gut und richtig empfunden hatte." Für diesen Mann war das, was vorher falsch gewesen war, plötzlich richtig, Böses wurde zu Gutem, Schwarz wurde Weiß. Nach einem langen, mühevollen Aufenthalt im „Land der Gottesferne" ist Dan schließlich ein gebrochener Mann, bereit zur Buße und zu einem Neubeginn. Rückblickend sagt er: „Ich bin überwältigt, wenn ich sehe, wozu mein Stolz und meine Bitterkeit mich getrieben haben."

Eine ähnliche Entwicklung lässt sich im Leben von Corinne feststellen, der jungen Frau, die ich bereits erwähnt habe. Anstatt die Gnade Gottes für sich in Anspruch zu nehmen, um die in ihrer Kindheit erlittenen Verletzungen durch Vergebung zu verarbeiten, ließ sie in ihrem Leben eine bittere Wurzel wachsen. Sie ließ sich vom Teufel übervorteilen, indem sie ihm genau die Gelegenheit gab, die er sich wünschte.

In ihrer Kindheit und später, als sie Studentin an einer Bibelschule war, wurde sie von dämonischen Stimmen und Erscheinungen gequält und hatte sich auf entsetzliche okkulte und sexuelle Praktiken eingelassen. Schließlich beging sie fast Selbstmord und sie hinterließ eine Schneise der Zerstörung im Leben der Menschen in ihrem Umfeld, die ebenfalls unter ihrem selbstzerstörerischen Lebensstil zu leiden hatten. Heute erkennt Corinne, dass sie durch ihre fehlende Bereitschaft, anderen zu vergeben, die Gnade verwirkte, die Gott ihr schenken wollte, um den in der Kindheit erlittenen Schmerz zu verarbeiten. Durch dieses Verhalten gab sie dem Feind viel Raum in ihrem Leben. Nur durch das Wirken Gottes und die ernstlichen Bemühungen aufrichtiger Christen kann diese junge Frau innerlich gesunden und durch Vergebung den Weg in die Freiheit finden.

Warum wir den Weg der Vergebung gehen sollten

Eine „bittere Wurzel" – das ist vielleicht keine große Sache. Unter bestimmten Umständen erscheint es sogar durchaus verständlich und gerechtfertigt, wenn ein Mensch bitter wird. Aber Sie können sicher sein, dass eine bittere Wurzel keine Kleinigkeit ist. Wenn man sie nicht erkennt oder ignoriert, wird ihr Gift den Betroffenen selbst und andere schädigen und anstecken, und zwar auf eine Art, die Sie bisher nicht für möglich gehalten haben.

Wenn Sie von Menschen aus Ihrem familiären Umfeld, Ihrem Arbeitgeber oder jemandem aus Ihrer Gemeinde zu Unrecht verleumdet werden oder sich durch ihr Verhalten verletzt fühlen, dann meinen Sie vielleicht, Sie hätten ein Anrecht darauf, verbittert zu sein. Bitterkeit wird für Sie so etwas wie eine Sicherheitszone. Vielleicht meinen Sie auch, Sie könnten nicht anders reagieren. Aber Bitterkeit ist ein zum Scheitern verurteilter Notbehelf.

Bitterkeit ist nicht nur eine Sünde, sondern auch sinnlos.

Es gibt ein Heilmittel gegen Bitterkeit: das Vertrauen auf das Wirken und die Liebe Gottes, „damit wir

Barmherzigkeit empfangen und Gnade finden zur rechtzeitigen Hilfe" (Hebräer 4,16). Ja, die Gnade Gottes ist für uns da, weil *er* da ist.

Die Gnade Gottes ist für uns da, weil *er* da ist.

Wie schmerzhaft oder schwierig Ihre Situation auch sein mag, für Sie bieten sich darin sowohl das Potenzial als auch die Gelegenheit, Jesus Christus ähnlicher zu werden. Denn das ist das höchste Ziel unseres himmlischen Vaters in Ihrem Leben, „dem Ebenbild seines Sohnes gleich gestaltet zu werden" (Römer 8,29; Schla 2000). Sogar Jesus selbst musste nach dem Plan und Ratschluss seines Vaters „durch Leiden vollkommen" (Hebräer 2,10) gemacht werden, nicht nur, damit er unser ewiges Heil erlangen konnte, sondern auch, damit er nachempfinden konnte, was es bedeutet, genau wie Sie unfreundlich behandelt, übervorteilt und missverstanden zu werden.

Die bittere Wurzel durchdringt jeden Quadratzentimeter Ihres Herzens, wenn Sie zulassen, dass sie zu einer Giftpflanze wird. Aber Gott lädt Sie ein, ja, er bittet Sie eindringlich, den ersten Schritt zu machen und seine Gnade anzunehmen. Wenn Sie das tun, löst sich Ihr Herz aus dem eisernen Griff der Unversöhnlichkeit. Sie werden frei, um Gott und Ihre Mitmenschen lieben und ihnen dienen zu können. Dann wird diese bittere Wurzel Ihnen keine Schwierigkeiten mehr bereiten und den Menschen in Ihrem Umfeld nicht mehr schaden. Stattdessen wird die Gnade Gottes durch Sie hindurch fließen und alles, womit Sie in Berührung kommen, wird von Gott gesegnet werden.

Zum Nachdenken

- Hat Gott Ihnen bei der Lektüre dieses Kapitels, besonders der Aussagen auf Seite 54 f. einen Hinweis auf eine bittere Wurzel oder Unversöhnlichkeit in Ihrem Herzen gegeben? Wenn ja – wie hat sich diese Bitterkeit gezeigt (siehe z. B. die Sünden in Epheser 4,31)?
- Können Sie chronische Stresszustände oder Probleme in Ihrem Leben erkennen, z. B. körperliche, emotionale, gedankliche, finanzielle Faktoren, die sich eventuell auf Bitterkeit oder Unversöhnlichkeit zurückführen lassen? Bitten Sie den Herrn, Ihnen zu zeigen, ob es einen Zusammenhang gibt.
- Können Sie feststellen, ob eine bittere Wurzel (aus der Vergangenheit oder aus der Gegenwart) eine oder mehrere der folgenden Auswirkungen in Ihrem Leben hat?
  - Ihre Fähigkeit, die Liebe und Vergebung Gottes persönlich zu erfahren, ist beeinträchtigt worden.
  - Der Teufel hat eine Angriffsfläche in Ihrem Leben.
  - Ihre Haltung hat Menschen in Ihrem Umfeld geschadet.
- In welchem Bereich Ihres Lebens brauchen Sie das Wirken Gottes, damit in Ihrem Herzen keine bittere Wurzel entstehen kann? Wollen Sie Gott gezielt um Hilfe bitten?

Kapitel 3
Vergebung – ein Versprechen

Vergebung sollte wie ein für ungültig erklärter Brief sein,
der in zwei Hälften zerrissen und verbrannt wurde,
sodass er nicht wieder hervorgeholt
und als Beweismittel verwendet werden kann.

Henry Ward Beecher

Ich weiß gerade so viel über Computer, dass ich sie bedienen kann. Aber eines habe ich auf die harte Tour gelernt, nämlich die Bedeutung dieser kleinen Taste, auf der „entf" steht. Richtig: die „Entfernen"-Taste. Bestimmt wissen Sie selbst nur zu gut, was ich meine. Ich erinnere mich noch an Zeiten, in denen ich am Computer vor mich hin arbeitete und aus Versehen auf diese Taste drückte. In einem kleinen Moment löste sich meine ganze Arbeit in Luft auf. Ich starrte bloß noch auf einen leeren Bildschirm; alles, was ich geschrieben hatte, war weg.

Natürlich weiß ich, dass die Programmierer an Leute wie mich gedacht und deshalb eine kleine Warnmeldung eingebaut haben, die aufblitzt und mich fragt, ob ich wirklich – ja, *wirklich* – auf einen Schlag die Arbeit eines halben Tages vernichten will. Aber ich ignorierte diese gut gemeinte Warnung einfach und klickte ohne Rücksicht auf Verluste weiter. Es ist ja so einfach.

Ich wünschte, es gäbe auch im richtigen Leben so eine „Entfernen"-Taste.

Das versehentliche Löschen eines Computerdokuments veranschaulicht in mancher Hinsicht das, was geschieht, wenn wir jemandem ein begangenes Unrecht wirklich vergeben. Wir machen es ungeschehen. Wir löschen den Eintrag im Protokoll. Wir behandeln die Sünde so, als ob sie nie begangen worden wäre. Ist das nicht auch die Art, wie Gott uns vergibt?

Und fordert er nicht von uns das gleiche Verhalten unseren Mitmenschen gegenüber, wenn er sagt: „Wie der Herr euch vergeben hat, müsst auch ihr vergeben!" (Kolosser 3,13; NeÜ)? Als Kinder Gottes wissen wir: Gott hat uns „die ganze Schuld vergeben. Er hat den Schuldschein, der mit seinen Forderungen gegen uns gerichtet war, für ungültig erklärt. Er hat ihn ans Kreuz genagelt und damit für immer beseitigt" (Kolosser 2,13–14; NeÜ).

Einst lag der Schuldschein vor uns, klagte uns an, enttarnte uns und rechtfertigte den gerechten Zorn Gottes auf uns. Aber mit einem einzigen Druck auf die „Entfernen"-Taste löschte Gott das gesamte Dokument. Nichts davon wurde auf eine Notfall-CD gespeichert. Nichts davon wurde ausgedruckt. Nichts davon wurde in einem separaten Ordner gespeichert oder in einem

Aktenschrank abgelegt, aus dem das Dokument eines Tages wieder hervorgeholt wird, falls es sich als nützlich erweisen sollte. Alles ist gelöscht. Für immer. Alles ist weg, weil Jesus Christus am Kreuz gestorben ist – an unserer Stelle. Die Schuld ist getilgt.

So ist Gott mit dem Unrecht umgegangen, das wir ihm angetan haben. Und er fordert uns auf, mit den Sünden, die andere Menschen an uns begehen, genauso zu verfahren.

Meiner Meinung nach würden die meisten im Umgang mit ihren Mitmenschen und mit dem Schmerz, den diese in ihr Leben gebracht haben, nur zu gerne an diesen Punkt gelangen. Wir würden nur zu gern erleben, wie der Schmerz und die Bitterkeit verschwinden, bedeutungslos werden, einfach weg sind.

Aber wir wissen auch, dass es nicht so einfach ist. Es gibt keine Taste, auf die wir drücken müssen, damit unsere Gefühle verschwinden. Der angerichtete Schaden lässt sich nicht so leicht rückgängig machen, sodass alles wieder so ist, wie es vorher war. Was soll also die ganze Mühe? Warum sollen wir uns potenziellen neuen Enttäuschungen aussetzen und sogar die Tür einen Spalt breit öffnen, sodass wir unter Umständen die gleiche Erfahrung noch einmal machen und vielleicht sogar noch schlimmer verletzt werden als zuvor? Warum sollen wir uns so sehr anstrengen und Vergebung üben, wenn dadurch das klaffende Loch in unserem Herzen nicht heil wird, zumindest für eine lange Zeit nicht?

Warum sollte Gott so etwas von uns verlangen?

Er verlangt es von uns, weil ein Versprechen dahintersteckt.

Gott vergibt und vergisst

Man könnte viel über Vergebung sagen, aber die folgenden Worte scheinen das Wesentliche zusammenzufassen: Vergebung ist das Versprechen, das begangene Unrecht niemals wieder gegen diese Person zu verwenden, nicht Gott gegenüber, nicht der- oder demjenigen gegenüber, der/die das Unrecht begangen hat, und auch nicht anderen Menschen gegenüber. Es handelt sich hier um eine bewusste Entscheidung, mit der Sünde eines anderen Menschen fertigzuwerden, indem man sie verschwinden lässt, die „Entfernen"-Taste drückt oder sie wegwischt. Mit dem Versprechen der Vergebung verzichten wir auf unser „Recht", den Menschen, der an uns schuldig geworden ist, zu bestrafen oder für seine Schuld bezahlen zu lassen, denn die Anklageschrift ist gelöscht.

Manchmal kommt nach einer Veranstaltung eine Frau auf mich zu und sagt zu mir: „Ich habe meinem Mann vergeben", oder: „Ich habe Soundso vergeben", und dann zählt sie alle Verletzungen auf, die jene Person ihr zugefügt hat. Ihre Erkenntnis über das, was sie tun muss, ist zwar lobenswert, aber ihre eigenen Worte zeigen, dass sie nicht wirklich und vollständig vergeben hat, denn Vergebung ist ein Versprechen.

Sie ist ein Versprechen, das Gott uns gegeben hat: „So fern der Osten ist vom Westen, hat er von uns entfernt unsere Vergehen" (Psalm 103,12). Ja, das, was wir Gott angetan haben, und das, was wir ihm noch immer antun, ist tatsächlich da. Aber weil sein Sohn für uns sein Blut vergossen hat, entschließt sich Gott, unsere

Übertretungen zu vergessen. Er hat sie weit hinter sich geworfen.

Dieses Versprechen begleitet uns auf dem ganzen Weg bis in die Ewigkeit.

Vergebung ist das Zentrum des Evangeliums. Sogar unsere Ausreden für unsere Unversöhnlichkeit bringen uns immer wieder zurück zum Kreuz, an den Ort, an dem Vergebung in ihrer Höchstform geschah, nicht nur für eine bestimmte Gruppe von Menschen, die alle korrekten Schritte durchlaufen haben, um sich als „würdig" zu erweisen, sondern für uns, für Menschen, die Vergebung nicht verdient haben, die noch nicht einmal gewusst haben, dass wir sie brauchen, oder sie vielleicht sogar noch nicht einmal gewollt haben!

Gerade wir sollten die Freude der Vergebung zu schätzen wissen, weil wir uns bewusst sein sollten, wie kostbar es für uns ist, wenn uns völlig und vollkommen vergeben wird.

Aber wenn wir anderen die Vergebung zuteil werden lassen, die Jesus Christus uns am Kreuz angeboten hat, strahlen wir in einer Welt, die nichts so dringend braucht wie Vergebung, die Gnade und Barmherzigkeit Gottes aus.

„Kannst du den Deutschen vergeben?"

Ernest („Ernie") Cassutto war ein holländischer Jude, der nach fast zweieinhalb Jahren Leben im Untergrund schließlich von den Nazis verhaftet wurde. Seine

Geschichte war eine Tragödie von vielen in dieser Zeit des Wahnsinns, der Europa während des Zweiten Weltkriegs heimgesucht hatte. Seine Verlobte Hetty, die wie Ernie zum Glauben an Jesus Christus gefunden hatte, wurde ebenfalls ergriffen und deportiert. Sie wurde in den Gaskammern von Auschwitz ermordet.

In seinem bewegenden Buch *Der letzte Jude von Rotterdam*[1] erzählt Ernie, wie er an einem endlos langen Tag auf dem Boden seiner Gefängniszelle kniete und in der Bibel las. Er stieß auf den Abschnitt, in dem Schadrach, Meschach und Abed-Nego, die drei Freunde von Daniel, in den Feuerofen geworfen wurden und dort eine Begegnung mit dem Herrn hatten. „Plötzlich", so schreibt Ernie, „war der ‚vierte Mann' auch bei mir. Niemand konnte ihn aussperren, noch nicht einmal die Nazis. Jesus begegnete mir in meiner Gefängniszelle, und er fragte mich: ‚Kannst du den Deutschen vergeben, Ernie? Kannst du für sie beten und sie lieben?'"

Ernie erstarrte. „Ihnen vergeben? Sie lieben? Jesus, wie soll ich das machen? Sie haben mich verhaftet. Sie haben Hetty umgebracht. Ich soll ihnen vergeben? Das ist zu viel verlangt, Herr."

Aber in der schmerzlichen Stille, die von den Wänden seiner Gefängniszelle widerhallte, liefen vor seinem geistigen Auge plötzlich Bilder der Erinnerung ab. Er sah die Seite aus Hettys Tagebuch, in die sie die Worte aus Matthäus 5,44 geschrieben hatte: „Liebt eure Feinde, und betet für die, die euch verfolgen." Er musste an Jesus denken: beschämt, gefoltert und blutig geschlagen von menschlichem Hass. Jesus, der seinen Mördern vergab, als er am Kreuz hing. Jesus, der nun ihn darum bat, ein weiteres unvorstellbares Unrecht zu vergeben.

„Ich kann nicht, Herr." Was sollte ein Mann denn sonst sagen? Wie unmöglich ist die Vergebung einer solch unermesslichen Schuld? „Aber wenn du mir hilfst, will ich es versuchen. Bitte hilf mir."

Die Ketten des Hasses, der Wut und der Bitterkeit in Ernies Herz begannen sich nach und nach zu lösen. Er konnte wieder aufsehen. Beinahe spürte er in seinem Körper eine neue Bewegungsfreiheit, eine Erleichterung über die Befreiung von der Last, die ihn bedrückt hatte. Obwohl er noch immer im Gefängnis war, war Ernie ein freier Mann.

Jahre später berichtete er: „Ein weiteres Kind der Hebräer war aus einem Feuerofen befreit worden."

Nach Kriegsende und Ernies Befreiung aus dem Gefängnis bekam er eines Tages einen Anruf von der Frau des Kommandanten, der dem Gefängnis vorgestanden hatte, in dem Ernie gesessen hatte. Der Mann hatte eine ansteckende Krankheit und lag im Sterben. Seine Frau bat Ernie, ihn zu besuchen.

Sollte er hingehen? Oder nicht?

Wir können uns nur ausmalen, wie groß die Kluft zwischen diesen beiden möglichen Reaktionen war und wie sehr er sich wünschte, diese Bitte ablehnen zu können. Er hatte doch bereits Vergebung geübt und seinen Hass losgelassen. Das sollte doch genügen. Sollte er wirklich noch einmal in diese bösartigen Augen blicken, vielleicht sogar das Risiko einer Ansteckung eingehen und noch einmal dem Tod ins Angesicht blicken? Sollte er das tun? Ja?

Während er noch mit sich selbst rang, ermahnte sein Vater ihn: „Jesus sagt uns, dass wir unseren Feinden vergeben müssen. Du musst ihn besuchen."

Also ging er.

Und da war er dann – der einst so grausame Häscher. Jetzt war er schwach und rang nach Luft. Ernie wollte etwas sagen, aber der Anblick verschlug ihm die Sprache. „Da drängte mich eine innere Stimme ...: ‚Geh zu ihm und küss ihn.' Ich konnte nicht glauben, was ich gehört hatte. Ihn küssen?"

Aber die Stimme ließ sich nicht zum Schweigen bringen. „Küss ihn. Ich beschütze dich."

„Ängstlich beugte ich mich vor", erinnert sich Ernie, „und gab ihm einen Kuss auf die Stirn. Er brach in Tränen aus. Und als er laut weinte, bat er mich wieder und wieder um Entschuldigung für das Unrecht, das er getan hatte. Da wurde mir klar, dass er nicht nur *meine* Vergebung brauchte, sondern auch die Barmherzigkeit Gottes. Ich erzählte ihm von Jesus, und davon, dass der jüdische Messias gestorben war, um die Sünden der Welt zu sühnen."

Und an Ort und Stelle führte Ernest Cassutto seinen ehemaligen Lageraufseher zu Jesus.

Auf dem Heimweg dachte Ernie wieder an jene Worte aus Matthäus 5,44. „Der Herr hatte mir eine weitere Lektion erteilt, wie ich meinen Feind lieben soll ... und diesmal hat er auch meinen Feind gelehrt, mich zu lieben."

Sie wissen genauso gut wie ich, dass man eine solche Erfahrung weder kopieren noch künstlich erzeugen kann. Für einen Überlebenden des Holocaust, für Sie und für mich ist Vergebung etwas Übernatürliches. Sie geschieht nicht aus uns selbst heraus. Corrie ten Boom stellte sich genau den gleichen Herausforderungen in genau der gleichen Zeit wie Ernest Cassutto. Sie schreibt in ihrem Buch *Die Zuflucht*[2]: „Die Heilung der Welt hängt nicht ab von unserer Vergebung und erst recht nicht von unserer Güte, sondern von der Vergebung und Güte Gottes."

Auch wenn Vergebung einen hohen Preis erfordert, so übersteigt sie nicht die Möglichkeiten von Menschen, in denen Jesus Christus lebt. Wenn Gott uns sagt, dass wir unsere Feinde lieben sollen, dann schenkt er uns auch die Liebe, die wir brauchen, um diesem Gebot zu gehorchen.

Ja, Sie können vergeben ... weil Gott es kann.

Das ist ein Versprechen.

Warum ich? Und warum das auch noch?

Befinden Sie sich gerade in einer Situation, in der Vergebung unmöglich zu sein scheint? Vielleicht denken Sie: *Ich kann diesem Menschen einfach nicht vergeben, was er mir angetan hat. Es tut mir einfach zu weh, mich damit zu befassen. Er hat mir das schon zu oft angetan. Er hat mich zu tief verletzt.*"

Ich will diesen Teil mit der tiefen Verletzung gar nicht leugnen. Wenn Sie mir Ihre Geschichte erzählen oder die Sache einem guten Bekannten mitteilen würden, könnten wir den Schmerz in Ihren Augen erkennen. Wir könnten ihn aus Ihrer Stimme heraushören. Uns wäre klar, dass diese gewisse Sünde Sie in Ihrem tiefsten Inneren verletzt hat.

Aber Sie und wir alle müssen uns die Frage stellen: „Hängt meine Fähigkeit oder Bereitschaft zur Vergebung von der Größe des begangenen Unrechts ab?" Anders ausgedrückt: Gibt es eine Schmerzgrenze, bei deren Überschreitung wir nicht vergeben müssen oder bei der Vergebung *unmöglich* ist?

Die Bibel erinnert uns daran, dass Gott „all unsere Sünden in die Tiefen des Meeres" wirft (Micha 7,19). Nicht nur ein paar, sondern *alle.* Zu diesen Sünden gehören auch Verhaltensweisen wie der Spott und die Beleidigungen derer, die unseren Herrn „verachtet" haben (Psalm 22,6–7), die alles an ihm abgelehnt haben – sein Wesen, seine Person, seine Bestimmung (Jesaja 53,3). Es ist eine Sache, wenn man nicht gemocht wird, aber eine gänzlich andere, wenn man verachtet, gehasst, angespuckt, verspottet, erniedrigt, verraten und lieber tot als lebendig gesehen wird. Dazu kommen dann noch unsere eigenen Sünden: die, die wir so gut kennen und die Jesus ebenfalls am Kreuz getragen hat.

Und derselbe Gott ist es, der sagt: „Ich, ich bin es doch, der deine Vergehen auslöscht. Um meinetwillen denke ich nicht mehr an deine Schuld" (Jesaja 43,25; NeÜ). Es ist derselbe Gott, für den „wir in den Vergehungen tot waren" und der uns „mit dem Christus lebendig gemacht" hat (Epheser 2,4–5).

Vielleicht empfinden Sie auf der natürlichen Ebene keine „große Liebe" für den Menschen, der so viel Unglück über Ihr Leben gebracht hat, für die Person, die Ihr Ehegelöbnis missachtet, für den Menschen, der Sie in Ihrer Kindheit sexuell missbraucht oder für denjenigen, der Sie um eine große Geldsumme betrogen hat.

Niemand würde erwarten, dass Sie einen solchen Menschen „lieben“.

Aber die Kraft – und die Schönheit – eines in Jesus Christus umgewandelten Lebens liegt darin: „Denn Gott ist es, der in euch wirkt, sowohl das Wollen als auch das Wirken zu seinem Wohlgefallen“ (Philipper 2,13).

Niemals wird die Größe *Ihrer* Liebe Sie veranlassen, derart herzlose Handlungen und Einstellungen zu vergeben. Niemals wird es in *Ihrer* Kraft liegen, über die bösartigen Lügen und weit hergeholten Rechtfertigungen jener Menschen hinwegzusehen, die Ihnen das Vertrauen zur Menschheit geraubt haben. Es wird und kann *allein* die Liebe Christi in Ihrem Herzen sein, die seine Kraft an die Stelle Ihrer Schwachheit setzen kann.

Und weil er uns vergeben hat und sein grenzenloses Leben nun in uns ist, sollten wir uns fragen: Welches Unrecht ist zu groß, als dass wir es nicht vergeben könnten?

„Als Christ zu leben“, sagte C. S. Lewis, „bedeutet, das Unentschuldbare zu vergeben, weil Gott uns das Unentschuldbare vergeben hat.“ In punkto Vergebung verlangt unser Herr von uns nichts, wozu er uns nicht die Fähigkeit geben würde. Er verlangt von uns auch nichts, was er nicht selbst tut.

Schulden eintreiben oder erlassen

Bei unserem Ringen mit unserer Unversöhnlichkeit kommt uns vielleicht auch der Gedanke: „Wenn ich dem vergebe, dann ist er aus dem Schneider!“ Manchmal meinen wir, dass der Gerechtigkeit nicht Genüge getan wird, wenn wir jemandem vergeben und diese Person ungeschoren davonkommt. Damit geben wir solchen Menschen praktisch die Erlaubnis, erneut Unrecht zu tun, weil sie erlebt haben, wie leicht wir sie diesmal aus der Verantwortung entlassen. Aus menschlicher Sicht ergibt dieser Gedanke einen Sinn. Aber unser Verstand muss erneuert werden, damit wir die Gedanken Gottes nachvollziehen können. Aus dem Wort Gottes erfahren wir, dass Übeltäter ihre gerechte Strafe bekommen werden. Aber uns steht es nicht zu, sie zu bestrafen.

In punkto Vergebung verlangt unser Herr von uns nichts, wozu er uns nicht die Fähigkeit geben würde.

Rächt euch nicht selbst, Geliebte, sondern gebt Raum dem Zorn Gottes! Denn es steht geschrieben: „Mein ist die Rache; ich will vergelten, spricht der Herr.“
Römer 12,19

Wenn wir versuchen, jemanden für das begangene Unrecht „zappeln zu lassen“, übernehmen wir eine Rolle, die allein Gott zusteht. Damit halten wir die Gefängnisschlüssel weiter in der eigenen Hand, weil wir selbst dafür verantwortlich sein wollen, wie das Urteil vollstreckt wird.

Das ist nichts anderes als diese alte, miese Sache mit dem Eintreiben von Schulden.

Lesen wir die Worte aus Römer 12 noch einmal: „Rächt euch nicht selbst ... gebt Raum dem Zorn Gottes

… ‚Mein ist die Rache; ich will vergelten, spricht der Herr.'" Paulus will uns Folgendes sagen: Wenn *Sie* denjenigen, der Ihnen Unrecht getan hat, ungeschoren davonkommen lassen, bedeutet das nicht, dass *Gott* ihn ungeschoren davonkommen lässt. Vergebung entlässt den Angeklagten aus Ihrer Aufsicht und übergibt ihn in die Hände Gottes, des gerechten Richters. Er ist der Einzige, der Recht sprechen und vollstrecken kann.

Das, was für uns aussieht wie der Gipfel der Ungerechtigkeit, was uns erscheint wie ein Freibrief, den wir demjenigen ausstellen, der an uns schuldig geworden ist, wird für uns zu einem Schritt in die Freiheit.

Die Geschichte von Josef im letzten Teil des ersten Buches Mose gehört zu den eindrucksvollsten biblischen Veranschaulichungen dieser Wahrheit. Josef, der in seinem Leben wiederholt Unrecht erleiden musste – er wurde verkannt, ungerecht behandelt und fälschlicherweise angeklagt –, bekam später die Möglichkeit, Rache zu üben an denjenigen, die den Stein ins Rollen gebracht hatten, nämlich an seinen Brüdern. Er hatte das Recht, die Macht und alle erforderlichen Mittel, seine Brüder zur Rechenschaft zu ziehen. Sie lagen schließlich in Erwartung der Strafe zitternd zu seinen Füßen. Sie waren entlarvt.

Aber hören wir uns doch einmal an, was Josef zu seinen verstörten Brüdern sagte: „Fürchtet euch nicht! *Bin ich etwa an Gottes Stelle?*" (1. Mose 50,19).

Was für kluge und gleichzeitig demütige Worte! *Bin ich etwa an Gottes Stelle? Ist es etwa meine Aufgabe, euch für das begangene Unrecht bezahlen zu lassen? Will ich wirklich diese zusätzliche Last auf mich nehmen – nach allem, was ich bereits durchgemacht habe? Ist es nicht töricht von mir zu meinen, dass Rache wirklich so süß ist, wie immer behauptet wird, süß genug, um mich für den in all den Jahren erlittenen Schmerz zu entschädigen?*

An dieser Stelle möchte ich ein paar wichtige Punkte klarstellen. Wenn die Bibel uns lehrt, den Menschen zu vergeben, die uns ein Unrecht angetan haben, ihnen praktisch „Straffreiheit" zu gewähren, dann wird dadurch ihre Sünde nicht verharmlost. Wir wollen damit auch nicht so tun, als wäre das, was sie getan haben, in Ordnung. Außerdem sollen wir dem oder der Betreffenden keinen Freibrief für weitere Sünden ausstellen. Auch bleiben ihm oder ihr die Folgen des begangenen Unrechts nicht erspart.

Nehmen wir zum Beispiel Verbrechen wie sexuellen Missbrauch, andere kriminelle Vergehen oder unkorrektes Verhalten von Kollegen am Arbeitsplatz. Es ist nicht verkehrt, Fehlverhalten zu melden oder die Schuldigen der Polizei zu übergeben, damit sie sich für ihre Taten verantworten können, ja, es kann sogar erforderlich sein.

Aber wenn Sie bitter und nachtragend sind, wenn Sie wie besessen sind von dem Wunsch nach Rache und in Ihrem Innersten darauf hoffen, dass die Schuldigen zu Boden gehen, dann wollen Sie noch immer nicht loslassen. Selbst wenn es Ihnen gelingt, den Schuldigen seiner gerechten Strafe zuzuführen, erleben Sie nicht die Freiheit, die Gott Ihnen anbietet. In Wirklichkeit sind Sie noch immer ein Gefangener des Menschen, der Ihnen das Unrecht angetan hat.

Natürlich müssen wir manchmal auch mit törichten Menschen in unserem Leben zurechtkommen. In diesem Zusammenhang denke ich an die Geschichte von Abigail und Nabal im Alten Testament. Der Name des Mannes bedeutet tatsächlich „Tor“ oder „Narr“. David, der künftige König, hatte Boten zu Nabal geschickt, um ihn um eine angemessene Belohnung zu bitten, weil er Nabals Viehherden unter seinen Schutz gestellt hatte. Aber Nabel verjagte Davids Männer von seinem Grund und Boden. Er brüllte ihnen beleidigende Worte hinterher, um ihnen Beine zu machen.

Als David davon hörte, wurde er wütend. Er befahl seinen Männern, die Schwerter umzugürten und Rache zu üben. Abigail erkannte die Gefahr und eilte Davids Männern entgegen, um ihren törichten Ehemann zu verteidigen und seine Interessen zu vertreten, obwohl er wahrscheinlich die volle Wucht der von David geplanten Rache verdient hätte.

Wenn Sie den gesamten Bericht in 1. Samuel 25 lesen, stellen Sie fest, dass Abigail in ihrem Gespräch mit David nicht versuchte, ihren Mann zu decken oder Ausreden zu finden. Weder verteidigte sie sein törichtes Verhalten noch wollte sie ihn schlechtmachen oder sich in David einen Fürsprecher suchen. Sie leugnete nicht, wer Nabal wirklich war, aber sie handelte in seinem Interesse, indem sie David um genau den Schutz bat, den ihr Mann selbst gewollt hätte, wenn er sich im Griff gehabt hätte und bei Verstand gewesen wäre.

Bitte verstehen Sie mich nicht falsch. Ich will nicht behaupten, dass wir andere Menschen um jeden Preis vor den Folgen ihres Handelns schützen oder stillschweigend das von ihnen begangene Unrecht dulden sollten.[3]

Was ich sagen will, ist Folgendes: Wir sollten nicht die Rolle des Richters übernehmen, denn die steht Gott allein zu. Gott wird mit den „Nabals" in unserem Leben selbst fertig. Das war auch beim biblischen Nabal der Fall. Als Abigail zu ihrem volltrunkenen Mann zurückkehrte und ihm berichtete, was sie getan hatte, erlitt er vor Schreck einen Herzanfall. Zehn Tage später war er tot.

Aber diese kluge und umsichtige Frau konnte ohne schlechtes Gewissen weiterleben, weil sie wusste, dass nicht sie ihren Mann in den Tod getrieben hatte. Das Zusammenleben mit einem Toren hatte sie nicht dazu gebracht, sich ebenfalls töricht zu verhalten.

In Sprüche 11,21 heißt es: „Der Böse bleibt nicht ungestraft; aber die Nachkommen der Gerechten entrinnen." In unserem täglichen Umgang mit den „Nabals", den törichten Menschen in unserem Leben, sollten wir Gott um Weisheit bitten oder eventuell einen Pastor oder einen anderen erfahrenen Christen um Rat fragen. Aber wir sollten daran denken, dass solche Menschen es in Wirklichkeit mit Gott zu tun haben. Er wird sie für ihr Verhalten zur Rechenschaft ziehen.

Die Liebe Gottes und die Liebe einer Frau

Vor ein paar Jahren lernte ich eine Frau namens Lorna Wilkinson kennen. Ihr Mann hatte – ähnlich wie Nabal – eine Menge Uneinigkeit und Misstrauen in ihrer Ehe gesät. Er war Alkoholiker. Sein Zustand hatte sich im Laufe der Jahre verschlimmert – mit allen Folgen und Begleiterscheinungen, die bei einem Suchtproblem auftreten: finanzielle Sorgen, sein verantwortungsloses Verhalten, ihre Unsicherheit, weil sie sich nie auf ihn verlassen und nie wissen konnte, wo er wirklich war.

So ging es 21 Jahre lang, und immer hegte sie die Hoffnung, dass es mit ihm einmal besser werden könnte, dass er sich ändern würde. Schließlich hatte Lorna genug. Sie sah keinen anderen Ausweg mehr als die Scheidung; diese war für sie die einzige Möglichkeit, um von ihrem Leben das zu retten, was noch zu retten war.

Sie machte den ersten Schritt. Sie füllte alle erforderlichen Formulare aus, bat ihren Mann, aus dem gemeinsamen Haus auszuziehen, und dann bereitete sie sich auf ihr neues Leben vor.

Sie glaubte zu diesem Zeitpunkt noch nicht an Jesus Christus, aber an diesem Wendepunkt in ihrem Leben erlebte sie eine göttliche Fügung. „Zufällig" schaltete sie eine Radiosendung von *Revive Our Hearts* ein. Ich hielt gerade einen Vortrag über Vergebung. Sie war zutiefst ergriffen, als sie von der unvorstellbaren Vergebung erfuhr, die Gott uns Menschen durch Jesus Christus anbietet, davon, wie er uns vollständig von unserer Sünde befreit und uns die Kraft schenkt, unseren Mitmenschen auf die gleiche Weise zu vergeben, wie er es bei uns tut.

Tag für Tag hörte diese hilfsbedürftige Frau nun unsere Radiosendung. Wie ausgehungert nahm sie die biblische Wahrheit in sich auf. Nach kurzer Zeit wurden ihr die Augen geöffnet und sie fand zum Glauben an Jesus Christus.

Aber ihre Scheidung lief ... bis eines Tages ihr Telefon klingelte. Es war ihr Mann, der ihr mitteilte, dass es ihm nicht gut ging.

„Damals war ich noch immer wütend und frustriert", erklärt sie. „Ich sagte zu ihm: ‚Warum rufst du mich an? Warum wählst du nicht den Notruf?'"

Das tat er dann auch, gerade noch zur rechten Zeit. Er hatte einen Herzinfarkt.

Die Familie versammelte sich im Krankenhaus, weil nicht sicher war, ob er durchkommen würde. Wenn Lorna heute davon erzählt, spürt man noch immer, wie hin- und hergerissen sie damals war. Einerseits wollte sie ihrem Mann beistehen, andererseits wollte sie endlich einen Schlussstrich unter ihre Ehe ziehen. Aber der Herr schien ihr zu sagen: „Geh hin und flüstere deinem Mann ins Ohr, dass er sich keine Sorgen zu machen braucht, wo er nach der Zeit im Krankenhaus wohnen soll. Sag ihm, er kann nach Hause kommen."

An jenem Tag machte Lorna ihrem Mann inmitten eines Gewirrs aus Schläuchen, Kabeln und lebenserhaltenden Maschinen das größte Geschenk für ein neues Leben: das Geschenk der Vergebung.

Durch die Gnade Gottes erholte er sich von seinem Herzinfarkt. Er kam nach Hause, aber er war ein anderer Mensch geworden. Wie durch ein Wunder hatte er kein Verlangen mehr nach Nikotin oder Alkohol. Er fand eine neue Arbeitsstelle und begann, für seine Familie zu sorgen. Das Zuhause der beiden war von neuer Liebe erfüllt, von dem Wunsch nach Gebet und Gemeinschaft mit Gott, nach bleibenden Werten. Er schenkte seiner Frau Blumen. Sie schrieben sich Postkarten mit liebevollen

Grüßen. Sie aßen gemeinsam bei Kerzenschein. Es war alles so, wie es sein sollte.

Zu Beginn dieser positiven Entwicklung gab es Momente, in denen Lorna die Gefühle aus der schlimmen Zeit ihrer Ehe wieder spürte. „Herr, ich kann das nicht", schrie sie im Gebet. „Ich kann ihn nicht so lieben, wie du es von mir willst. Aber ich bitte dich, Herr, gib mir *deine* Liebe und lasse sie durch mich zu diesem Mann fließen."

Und die Liebe Gottes ließ die schrecklichen Erinnerungen langsam verblassen. Die anschaulichen Sätze in 1. Korinther 13 wurden für sie nach und nach zur Realität: „Die Liebe ist langmütig, die Liebe ist gütig ... sie sucht nicht das Ihre ... sie freut sich mit der Wahrheit ... sie erträgt alles, sie glaubt alles, sie hofft alles, sie erduldet alles."

Als die Liebe Gottes allmählich ihr Zuhause erfüllte, erlebten Lorna und ihr Mann die Art von Ehe, von der sie immer geträumt, die sie sich aber nicht mehr zu erhoffen gewagt hatte. Vier Monate nach ihrer Versöhnung weckte Lornas Mann sie eines Morgens früh auf, um ihr zu sagen: „Jetzt weiß ich, dass ein Mann seine Frau so lieben sollte, wie Gott uns liebt. Ich will dir nur sagen, Lorna, dass ich dich jetzt auf diese Art liebe."

Das waren die letzten Worte, die Lorna aus seinem Mund hören sollte. Wenige Stunden später erlitt er einen zweiten, massiven Herzinfarkt und ging heim zu seinem Herrn.

Versuchen Sie sich einmal vorzustellen, wo Lorna und ihre Kinder heute wären, wenn sie den logischen, den natürlichen Weg der Rache gewählt hätte, den bitteren Weg der Unversöhnlichkeit. Stellen Sie sich vor, wie viel im Leben der einzelnen Familienmitglieder zu Bruch gegangen wäre, wie viel sie ein Leben lang bereut hätten.

Ein paar Jahre nach dem Tod ihres Mannes saß ich in einem Tonstudio. Mir liefen die Tränen über die Wangen, während ich zuhörte, wie Lorna in einem Radio-Interview ihre Geschichte erzählte. „Geben Sie nicht auf, wenn es um Ihre Ehe geht", lautete ihr eindringlicher Appell an die Hörer. „Resignieren Sie nicht, wenn es um Ihren Ehepartner geht. Bringen Sie Ihre Ehe im Gebet vor den Herrn, und denken Sie immer daran: Das, was Sie nicht aus eigener Kraft schaffen, schafft der Herr für Sie und in Ihnen."

Die „Entfernen"-Taste

Ich kann Ihnen gar nicht sagen, wie viele Reaktionen wir auf dieses Interview bekommen haben. Leute schrieben mir, dass sie sich wie Lorna entschlossen hätten, die „Entfernen"-Taste zu drücken, Vergebung zu üben, das begangene Urecht zu vergessen und einen Neubeginn zu wagen.

Haben sich für diese Menschen automatisch alle Probleme gelöst? Nein. Hat sich ihre Situation überhaupt geändert? Nicht immer. Nicht sofort.

Natürlich wird nicht jede Ehe gerettet, so wie es bei Lorna geschehen ist, selbst wenn Vergebung geübt wird. Aber auch wenn Sie nichts sehen können, auch wenn die Situation nicht geklärt oder besser wird, können Sie wissen, dass Sie getan haben, was Gott von Ihnen verlangt. Sie können weiter Vergebung üben, wenn die Gnade und die Liebe Gottes durch Sie hindurchfließen. Und Sie können Ihren Weg in Frieden weitergehen – im Frieden Gottes.

> Aber auch wenn Sie nichts sehen können, auch wenn die Situation nicht geklärt oder besser wird, können Sie wissen, dass Sie getan haben, was Gott von Ihnen verlangt.

Wie der Apostel Paulus in Philipper 4,7 schreibt, bewahrt der Friede Gottes Ihr Herz, Ihre Gefühle, Ihre Empfindungen. Der Friede Gottes bewahrt auch Ihren Verstand, Ihre Gedanken, Ihre Entscheidungen. Das geschieht, weil der Friede Gottes in Ihrem Leben harte Arbeit leistet, und zwar durch Jesus Christus, der weiß, was Vergebung bedeutet und welchen Preis sie hat.

Das ist das Versprechen, das Gott Ihnen gibt.

Zum Nachdenken

- Gibt es in Ihrem Leben einen „Nabal“, einen törichten Menschen, den Sie in die Hände Gottes legen müssen? Wie können Sie auf einen solchen Menschen so reagieren, dass Ihr Verhalten geprägt ist von Vergebung, Mut, Weisheit und Gottvertrauen?
- Welche Ängste, Gefühle oder Vorbehalte halten Sie eventuell davon ab, jemandem zu vergeben, der Ihnen ein Unrecht angetan hat? Welche Aussagen macht das Wort Gottes über solche Einwände?

- „*Vergebung ist ein Versprechen, das begangene Unrecht niemals wieder gegen diese Person zu verwenden, nicht Gott gegenüber, nicht der- oder demjenigen gegenüber, der/die das Unrecht begangen hat, und auch nicht anderen Menschen gegenüber.*“ – Wenn Sie diese Worte überdenken, gibt es dann noch jemanden, dem Sie vergeben müssen? Wollen Sie die „Entfernen“-Taste drücken und das begangene Unrecht loslassen?

Kapitel 4
Vergeben, weil Jesus vergibt

Zur Ehre Gottes und in äußerster Demut sage ich:
Wenn ich mich selbst vor Gott sehe
und mir nur im Geringsten bewusst wird,
was mein Herr für mich getan hat,
dann bin ich bereit, jedem Menschen jede Sünde zu vergeben.
D. Martyn Lloyd-Jones

Viele Jahre lang gehörte ich zu einem Team, das in christlichen Gemeinden in den USA Konferenzen durchführte.[1] Ich erinnere mich noch an eine bestimmte Gemeinde, in der der Geist Gottes auf ungewöhnliche Art wirkte und viele Gemeindemitglieder zu Reue und Umkehr führte. Im Verlauf der mehrere Wochen dauernden Veranstaltung fühlte sich ein Arzt dazu gedrängt, seiner Frau ein erschütterndes, streng gehütetes Geheimnis zu gestehen. Er hatte eine Affäre mit einer Mitarbeiterin in seiner Praxis.

Vielleicht waren Sie schon einmal in einer ähnlichen Situation wie die Frau des Arztes oder Sie befinden sich momentan in einer solchen Lage. Vielleicht spüren Sie noch den Schmerz über diesen Verrat und die Selbstsucht Ihres Ehepartners oder Ihrer Ehepartnerin.

Ich glaube, niemand von uns weiß so recht, wie er auf ein solches Geständnis reagieren würde. Die Frau des Arztes wusste es auch nicht. Natürlich war der Schock gewaltig und der Schmerz allumfassend. Aber noch während sie darum rang, die Enthüllung über die Untreue ihres Mannes zu verarbeiten, überfiel sie auf unerklärliche Weise die Gewissheit, dass sie ihm unbedingt vergeben musste. Sie wollte sich nicht selbst etwas vormachen, denn schließlich lebte sie nicht in einer Traumwelt der Selbstverleugnung. Später erzählte sie: „Wie hätte ich es über mich bringen können, ihm nicht zu vergeben, wo Gott mir doch alle meine Sünden vergeben hat?"

Es war unglaublich, aber sie fühlte sich durch die Gnade Gottes getragen, als sie sich später hinsetzte und der „anderen" in einem Brief versicherte, dass sie ihr vergeben hatte. Am nächsten Tag stand diese Frau vor ihrer Tür. Unter Tränen sagte sie: „Weil Sie mir vergeben haben, habe ich zum Glauben an Jesus gefunden."

Wie kann so etwas passieren? Im richtigen Leben, mit Menschen, die echte Gefühle haben?

Vielleicht sollten wir nicht nach dem „Wie", sondern nach dem „Warum" fragen.

Die Antwort ist keine oberflächliche, sentimentale Phrase, die wir für diejenigen parat haben sollten, die uns verletzt haben. Auch besteht die Antwort nicht darin, das Unrecht mit einem gleichgültigen Schulterzucken abzutun, als ob es nicht geschehen wäre.

In seinem bekannten Andachtsbuch *Mein Äußerstes für sein Höchstes* erinnert uns Oswald Chambers daran, dass der Dreh- und Angelpunkt der Vergebung das Kreuz Jesu Christi ist. Ohne das Kreuz ist Vergebung nicht möglich, und das Kreuz ist nun wahrlich keine Bagatelle.

Wenn man sagt, Gott vergäbe uns, weil er Liebe ist, ist das oberflächliches Gerede. ... Gottes Liebe hat zur Kreuzigung Jesu geführt – so teuer ist Vergebung. Gottes Liebe ist gerade und nur am Kreuz in aller Konsequenz zu erkennen. Der einzige Grund, warum Gott mir vergeben kann, ist das Kreuz Christi.[2]

Wie leicht vergessen wir das! Wir meinen, dass Gott uns aus seiner Güte heraus vergibt, bloß weil er das so wollte. Wir erwarten Vergebung von einem Gott, der sich bemüht, besonders nett zu uns zu sein.

Aber es ist ein gewaltiger Unterschied, wenn wir begreifen, für welchen Preis Vergebung für uns erworben wurde. Wenn wir unseren Mitmenschen auf die gleiche Weise vergeben sollen, wie Gott uns vergeben hat, sollten wir verstehen, was das wirklich bedeutet.

Golgatha erforderte eine Seelenqual, die wir gar nicht vollständig erfassen können. Am Kreuz nahm Jesus unsere Sünde auf sich und ertrug die erschütternde Konsequenz: die Trennung von seinem Vater, den er von ganzem Herzen liebte, von dem er bisher nicht eine Sekunde lang getrennt war. Für so etwas reicht unsere Vorstellungskraft einfach nicht aus.

Wir können nur annähernd begreifen, was Vater und Sohn durchgemacht haben müssen, als zum ersten Mal ihre ewige Gemeinschaft unterbrochen wurde – wegen unserer Sünde.

Aber aus dieser „unbeschreiblichen Tragödie“, so schreibt Oswald Chambers, wird für uns die Vergebung erlangt. „Jede andere Begründung für die Vergebung ist unbewusste Blasphemie.“[3]

Das sind starke Worte, genau wie diese: „In ihm haben wir die Erlösung durch sein Blut, die Vergebung der Vergehungen ... Denn er ist unser Friede. Er hat aus beiden eins gemacht und die Zwischenwand der Umzäunung, die Feindschaft, in seinem Fleisch abgebrochen (Epheser 1,7; 2,14).

Vergebung ist keine leichte und lockere Angelegenhit. Sie ist schwer. Sie kostet einen hohen Preis. Sie ist schmerzhaft.

Aber nur auf diese Weise kann sie echt sein, so echt wie die Vergebung, die Gott uns schenkt, echt genug, um wirklich in uns eine Umwandlung zu bewirken.

Wie kann das sein?

Bestimmt kennen Sie die Redewendung, dass im Leben eines Christen nichts geschieht ohne die „Genehmigung“ Gottes, ohne vorher den „Filter“ seiner Liebe und seines ewigen Willens für uns durchlaufen zu haben. Das wird auch deutlich in der Geschichte von Hiob. Gott hat Satan erlaubt, Hiob ein bestimmtes Maß an Schmerz zuzufügen.

Für uns bedeutet das: Welche Krise Sie auch durchstehen müssen, was auch immer in Ihrem Leben passiert ist, das zu einer unversöhnlichen Haltung bei Ihnen geführt hat – Gott hätte es verhindern können. Aber er hat es nicht getan.

Ich gebe zu, dass diese Aussage zu den schwierigeren Lehren der Bibel gehört. Die Art, wie ein heiliger, souveräner Gott mit einer in Sünde gefallenen Welt umgeht, um seine ewigen Ziele zu verwirklichen, übersteigt unsere Vorstellung. Aber ein Bibelvers, der uns sehr vertraut ist und den wir oft zitieren, offenbart die Hoffnung, die in dieser Wahrheit liegt – genug Hoffnung, um uns die Kraft zum Durchhalten zu geben, auch wenn wir vieles nicht verstehen: „Wir wissen aber, dass denen, die Gott lieben, alle Dinge zum Guten mitwirken, denen, die nach seinem Vorsatz berufen sind" (Römer 8,28).

Aber wie kann das sein? Wie können wir uns da sicher sein? Wie kann ein großes Unrecht jemals wiedergutgemacht werden oder zu etwas Gutem führen?

Die Antwort liegt – zumindest teilweise – in der Tatsache begründet, dass Gott diejenigen, „die er vorher erkannt hat ... auch vorherbestimmt [hat], dem Bilde seines Sohnes gleichförmig zu sein" (Vers 29).

> Wenn Sie ein Kind Gottes sind, dann kann Gott die Prüfung, die Sie gerade durchmachen, für Sie zu einem Weg machen – tiefer in sein Herz hinein.

Wenn Sie ein Kind Gottes sind, dann kann Gott die Prüfung, die Sie gerade durchmachen, das erlittene Unrecht oder den Ihnen zugefügten Schmerz in seiner ewigen Weisheit und mit seinen kunstfertigen Händen verändern und dazu nutzen, Sie zu etwas Gutem zu führen – tiefer in sein Herz hinein, in eine größere Abhängigkeit von ihm und zu einem größeren Vertrauen zu ihm, damit Sie Jesus Christus ähnlicher werden.

Denken Sie noch einmal an das Kreuz und daran, was es für diejenigen bedeutet, die unter den schlimmen Folgen eines Lebens in einer gefallenen Welt leiden (das trifft in einem gewissen Grad auf jeden Menschen zu). An diesem Ort ist das größte Unrecht im ganzen Universum begangen worden. Hier haben sich, um es mit einem Gebet der ersten Christen auszudrücken, Übeltäter versammelt „gegen deinen heiligen Knecht Jesus, den du gesalbt hast ..., alles zu tun, was deine Hand und dein Ratschluss vorherbestimmt hat, dass es geschehen sollte“ (Apostelgeschichte 4,27–28).

Wer hätte Golgatha überhaupt planen können? Wer hätte an einem so grausamen Tod überhaupt etwas Gutes erkennen können?

Nur der Gott, der weiter blicken konnte – bis zur Auferstehung.

Er ist es auch, der dem von Ihnen erlittenen Schmerz und dem begangenen Unrecht das rechte Maß gibt, der die Tiefe, die Länge und Höhe jeder von seinen Kindern durchstandenen Prüfung genau überwacht. Er wird in Ihrem Leben nicht einen einzigen Umstand zulassen, der seinen ewigen, liebevoll gestalteten Plan zunichtemacht.

Wenn das grausame Geschehen am Kreuz Gott nicht davon abhalten konnte, den Plan für seinen Sohn zu verwirklichen, wie kann dann eine in der Vergangenheit oder Gegenwart liegende Schwierigkeit in Ihrem Leben, so schlimm sie auch sein mag, Gott auch nur ansatzweise daran hindern, seinen Plan für Ihr Leben zum Ziel zu bringen? Er wird sogar diese Schwierigkeit dazu benutzen, um sein erlösendes, heiligendes Werk in Ihrem Leben zur Vollendung zu bringen.

Drei Seiten der Vergebung

Vielleicht ist das Unrecht, das Sie am schwersten getroffen hat und das Ihnen als Erstes in den Sinn kommt, wenn Sie über die Notwendigkeit der Vergebung nachdenken, eine Wunde aus der fernen Vergangenheit, ein Kindheitserlebnis oder eine negative Erfahrung aus der Teenagerzeit.

Vielleicht handelt es sich aber auch um einen andauernden Streit mit Ihrem Ehepartner, einem Ihrer inzwischen erwachsenen Kinder, einem Verwandten, einem Mitbewohner oder Arbeitskollegen. Vielleicht ist die Sache schon so schlimm geworden oder hat sich so lange hingezogen, dass Ihre Beziehung zu dem oder der Betroffenen vollständig zerrüttet ist. Allein der Gedanke an diese Person weckt in Ihnen Wut, Kummer und negative Gefühle.

Sie meiden jeden Kontakt zu diesem Mann. Sie tun alles, um jener Frau nicht begegnen zu müssen. Und den Telefonhörer in die Hand zu nehmen und diese Person anzurufen können Sie sich beim besten Willen nicht vorstellen. Es ist Ihnen am liebsten, wenn Sie keinen Gedanken an sie/ihn oder den Streit verschwenden müssen.

Im kürzesten seiner Briefe lässt uns der Apostel Paulus an einer Situation teilhaben, deren Auswirkungen

Vergangenheit und Gegenwart betrafen. Es wurde Schaden angerichtet, Vertrauen missbraucht. Das Handeln eines Mannes führte zu einem Problem, das sich nicht aus der Welt schaffen ließ.

Es handelt sich um die wahre Geschichte von Philemon, einem offenbar wohlhabenden und einflussreichen Mann. Durch den Dienst des Apostels Paulus hatte er zum Glauben an Jesus Christus gefunden. Im Laufe der Zeit zeigte sich dieser Glaube auch im Leben jenes Mannes. Paulus lobte ihn als Menschen, der voller Liebe war und sein Zuhause als Versammlungsort für die christliche Gemeinde in seiner Heimatstadt Kolossä zur Verfügung stellte. Philemon war wohl ein wahrer Mann Gottes.

Nun war einer von seinen Sklaven, Onesimus, weggelaufen. Er hatte nicht nur seine Fähigkeiten und seine Arbeitskraft mitgenommen, sondern, wie es scheint, auch einige Wertgegenstände. Als er in die 2.500 Kilometer entfernte Stadt Rom floh, hatte Onesimus wohl gehofft, in der Anonymität der Großstadt verschwinden zu können, indem er sich der großen Masse anderer entlaufener Sklaven anschloss.

Gott hatte es in seiner weisen Voraussicht so eingerichtet, dass Onesimus dem Apostel Paulus begegnete. Paulus befand sich damals in Rom unter Hausarrest, während er auf seine Gerichtsverhandlung wartete. Als sich die beiden Männer unterhielten, hinterließ das Evangelium seine Spuren. Der entlaufene Sklave vertraute sein Leben Jesus Christus an. Aus dem unsteten Flüchtling wurde ein enger Freund und Mitarbeiter des großen Apostels.

Paulus wusste jedoch, dass Onesimus irgendwann die Verantwortung für das Unrecht, das er Philemon angetan hatte, übernehmen musste. Er musste zurückkehren, um Vergebung bitten und eine Versöhnung anstreben. Weil Paulus verhindern wollte, dass Onesimus von Sklavenfängern aufgegriffen wurde oder es bei seiner Ankunft in Kolossä zu Missverständnissen kommen würde, stellte ihm Paulus zu seinem Schutz einen Reisegefährten zur Seite. Und er gab ihm einen Brief mit, in dem er alles erklärte.

Weil es dieses Schriftstück gibt, können wir heute den weiteren Verlauf dieser Geschichte nachvollziehen.

Die drei Hauptfiguren vermitteln uns Einsichten in drei „Faktoren“ bei der Gleichung, an deren Ende Vergebung steht. An verschiedenen Punkten in unserem Leben finden wir uns möglicherweise in der einen oder anderen Rolle wieder.

Zunächst ist da der Übeltäter Onesimus, der zurückkehrte, um das in der Vergangenheit begangene Unrecht wiedergutzumachen und eine Versöhnung herbeizuführen. Dann ist da noch der Friedensstifter Paulus, der sich einsetzte, um die beiden gegnerischen Parteien zusammenzubringen und ihre zerbrochene Beziehung wiederherzustellen. (Wir sollten Gott dankbar sein für solche Friedensstifter!)

Die dritte Figur ist Philemon, derjenige, der das Unrecht erlitten hatte und jetzt um Vergebung gebeten wurde. Er sollte seinem entlaufenen Sklaven aber nicht nur vergeben, sondern auch einen Neuanfang in der Beziehung zu diesem Mann wagen, obwohl er so viel Schaden angerichtet hatte. Damit das gelingen konnte, musste Philemon bereit sein, das erlittene Unrecht hinter sich zu lassen und auch die damit verbundenen finanziellen

Verluste hinzunehmen. Darüber hinaus musste er seinen entlaufenen Sklaven in einem völlig neuen Licht sehen, nämlich als Bruder in Christus.

Uns wird nicht berichtet, wie die Geschichte endete. Jetzt müssen wir ein bisschen spekulieren. Denn vielleicht gibt uns der Verlauf der Kirchengeschichte einen kleinen Hinweis auf die weitere Entwicklung.

Ein paar Jahrzehnte später schrieb einer der frühen Kirchenväter einen Brief an die Gemeinde in Ephesus. Darin erwähnte er den Gemeindeleiter, der dort seinen Dienst versah, und zwar war es „Onesimus, ein Mann mit unaussprechlicher Liebe". Natürlich können wir nicht sicher sein, dass es sich um den Onesimus aus der Geschichte von Philemon handelt, aber es ist durchaus möglich.

Eins dürfen wir jedoch wissen: Jeder Mensch, der Unrecht begangen hat und durch die Gnade Gottes einen Neubeginn erlebt, kehrt nicht bloß zum Ausgangspunkt zurück. Die große Barmherzigkeit des Herrn macht es möglich, dass Schuldige von ihrer Schuld freigesprochen werden und in ihrem Leben mehr für Gott bewirken können, als sie es jemals für möglich gehalten hätten.

Ist das nicht auch für uns am Kreuz geschehen?

Und liegt darin nicht eine große Hoffnung für uns? Wenn wir anderen Menschen vergeben, können sie die gleiche Freiheit eines Lebens mit veränderter Identität genießen wie wir, denn Gott erklärt uns zu einer „neuen Schöpfung", weil wir in Jesus Christus Vergebung empfangen haben. Der Apostel Paulus hat es mit diesen klaren Worten zusammengefasst: „Aber das alles kommt von Gott, der uns durch Christus mit sich selbst ausgesöhnt und uns aufgetragen hat, anderen mit dieser Versöhnung zu dienen" (2. Korinther 5,18; NeÜ).

Paulus kannte dieses Wunder der erlösenden, umwandelnden Gnade nur allzu gut. Zunächst lästerte er Jesus Christus und verfolgte seine Gemeinde, dann erfuhr er die Vergebung einer Schuld, die er niemals aus eigener Kraft hätte begleichen können. Mehr noch, er wurde zu einem Miterben Jesu Christi, obwohl er es nicht verdient hätte; unverdient erhielt er den gesamten Reichtum Gottes in Jesus.

Die übrigen Jahre seines irdischen Lebens investierte der Apostel in die Aufgabe, anderen Menschen zu helfen, damit auch sie jene erstaunliche Gnade erfahren und weitergeben konnten, jene Gnade, die Menschen mit Gott und miteinander versöhnt – Menschen wie Onesimus, wie Philemon, wie Sie und ich.

Genau darum geht es beim Kreuzestod Jesu auf Golgatha.

Sich selbst vergeben – geht das?

Es sollte uns zutiefst erschüttern, wenn wir uns bewusst machen, welchen ungeheuer hohen Preis Gott für die Vergebung unserer Sünden gezahlt hat. Unsere Erlösung hat ihm mehr Schmerz gebracht, als ein menschliches Wesen jemals erleiden kann. Schließlich musste dafür Blut vergossen werden – auf Golgatha.

Aber unsere Erlösung erforderte weit mehr als das, nämlich ein Handeln, das nur von Gott selbst ausgehen konnte. Ich möchte noch einmal Oswald Chambers zitieren: „Vergebung ist ein Wunder der Gnade Gottes."[4] Ein solches Wunder kann nur Gott vollbringen.

Wenn es Ihnen also unmöglich erscheint, einem Menschen, der Sie zutiefst verletzt hat, zu vergeben, vor allem dann, wenn Sie wissen, dass er Sie weiterhin schlecht und ungerecht behandeln wird, dann raten Sie mal, was jetzt kommt: Es ist tatsächlich unmöglich – für Sie! Aber für Gott ist nichts zu schwer. Er kann Vergebung üben und Versöhnung herbeiführen – durch Sie.

Ja, nur Gott kann Sünden vergeben. Erinnern Sie sich noch an die Anfangszeit im öffentlichen Wirken Jesu (Lukas 5,17–26), als die Männer ihren gelähmten Freund zu ihm brachten und diesen durch das Dach herunterließen, weil die Menschenmenge so dicht um Jesus gedrängt stand? Jesus sagte zu dem Gelähmten: „Deine Sünden sind dir vergeben." Daraufhin protestierten die Pharisäer: „Wer ist dieser, der solche Lästerungen redet? Wer kann Sünden vergeben außer Gott allein?"

Natürlich hatten sie in vielen Dingen eine falsche Einstellung, aber an der Frage, die sie hier stellten, war nichts verkehrt. *Wer kann Sünden vergeben außer Gott allein?* Niemand.

Diese Tatsache sollten Sie sich bewusst machen, wenn Sie sich nicht mit einem ungelösten Konflikt mit einer anderen Person herumschlagen, sondern mit etwas, das Sie selbst getan haben, und Ihr Bedauern, Ihre Scham und Schuldgefühle Sie dazu bringen, jenen Satz zu sagen, den ich schon so oft gehört habe: „Ich kann mir das einfach nicht verzeihen."

Vielleicht haben Sie sich im Beruf von einem Angebot verlocken lassen und dafür eine gute, sichere

Arbeitsstelle aufgegeben. Vielleicht haben Sie einen Augenblick lang nicht aufgepasst und eines Ihrer Kinder nicht vor einer drohenden Gefahr bewahren können. Vielleicht haben Sie vor zehn Jahren eine Abtreibung durchführen lassen. Es könnte alles Mögliche sein.

Vielleicht sagt Ihnen ein wohlmeinender Bekannter oder ein Seelsorger, dass Sie den ersten Schritt zur Heilung und Wiederherstellung machen, wenn Sie sich selbst vergeben. Aber nirgends in der Bibel gibt Gott uns die Anweisung, mit unserem Kummer auf diese Art fertigzuwerden. Stattdessen fordert Gott uns auf, seine Vergebung für uns in Anspruch zu nehmen.

Der Apostel Paulus schreibt sogar: „Was sollen wir nun hierzu sagen? Wenn Gott für uns ist, wer ist gegen uns? Er, der doch seinen eigenen Sohn nicht verschont, sondern ihn für uns alle hingegeben hat – wie wird er uns mit ihm nicht auch alles schenken? Wer wird gegen Gottes Auserwählte Anklage erheben? Gott ist es, der rechtfertigt“ (Römer 8,31–33).

Wenn wir uns genötigt sehen, uns selbst zu vergeben, ist das dann nicht ein Anzeichen dafür, dass wir entweder die Vergebung, die Gott uns schenkt, anzweifeln oder wir nicht bereit sind, diese Vergebung anzunehmen? Ist aber die uns von Gott geschenkte Vergebung nicht gut genug für uns, was ist dann so besonders daran, wenn wir uns selbst vergeben? Bewirkt unsere eigene Vergebung etwa mehr als die von Gott geschenkte? Wenn Gott uns vergibt, sind wir schuldlos. Was soll denn dann noch vergeben werden?

Vergebung ist ein viel zu großes Wunder, als dass wir es aus uns selbst heraus bewirken könnten. Wenn wir so etwas von uns selbst erwarten, dann machen wir uns falsche Hoffnungen.

Gott allein vergibt Ihre Schuld. Als Jesus am Kreuz für unsere Sünden sein Leben hingegeben hatte, sagte er: „Es ist vollbracht!" Der Preis für unsere Schuld ist in voller Höhe bezahlt worden. Wenn Sie daran glauben, wird Ihnen vergeben. Nichts, was Sie getan haben oder jemals tun könnten, kann Sie auch nur von einem Jota Ihrer Schuld freisprechen.

Der Engländer William Cowper (1731–1800) war ein talentierter, sehr produktiver Schriftsteller und Dichter. Er war ein Zeitgenosse und enger Freund von John Newton. Sein Leben lang kämpfte Cowper mit einer periodisch auftretenden schweren Depression sowie geistiger und emotionaler Labilität.

Einmal wurde er so sehr von Angst und beginnendem Wahnsinn geplagt, dass er sich das Leben nehmen wollte. Zunächst wollte er sich in einen Fluss stürzen, dann eine tödliche Dosis Opium einnehmen. Dann wollte er sich auf ein Messer fallen lassen und schließlich, weil ihm das alles nicht gelang, wollte er sich erhängen. Der Riemen, den er als Schlinge verwendete, riss. Er fiel bewusstlos zu Boden, bevor seine Retter ihn fanden.

Ein paar Jahre nach seinem Tod schilderte ein Zeitungsartikel die quälenden Gewissensbisse und den Schmerz, die William Cowper im Nachhinein empfand.

Er empfand eine Selbstverachtung, die jede Ausdrucks- und Vorstellungskraft übertrifft ...; er meinte, er habe Gott so tief betrübt, dass seine Schuld niemals vergeben werden könnte. Sein Herz war erfüllt von ungestümer Verzweiflung.[5]

Nachdem er sich von dieser Tortur körperlich erholt hatte, erkannte Cowper jedoch, dass Gott auch den von der größten Sünde angerichteten Schaden beseitigen kann. Seine vorherige Seelenqual bewegte ihn zu jenen Worten, die Millionen schuldgeplagten Sündern den Weg zum Kreuz zeigen, der einzigen Quelle echter Hilfe und Befreiung:

Es ist ein Born, draus heil'ges Blut
für arme Sünder quillt,
ein Born, der lauter Wunder tut
und jeden Kummer stillt.

Der Schächer fand den Wunderquell,
den Jesu Gnad ihm wies,
und dadurch ging er rein und hell
mit ihm ins Paradies.

Es quillt für mich dies teure Blut,
das glaub und fasse ich!
Es macht auch meinen Schaden gut,
denn Christus starb für mich!

Vollständige Vergebung. Haben auch Sie sie in Ihrem Leben erfahren?

Das Opfer Jesu auf Golgatha reicht aus, um jede Sünde zu vergeben, auch Ihre. Vergebung können Sie sich nicht selbst schenken, denn Jesus hat sie am Kreuz für Sie erkauft. Deshalb sollten Sie diese Vergebung voller Vertrauen für sich in Anspruch nehmen. Erst dann sind Sie wirklich frei.

Der Gedanke, dass wir uns selbst vergeben müssten, ist nur *ein* Beispiel dafür, wie wir manchmal versuchen, dem Evangelium etwas hinzuzufügen. Der Apostel Paulus reagierte streng und drastisch auf diejenigen seiner Zeitgenossen, die die gute Nachricht für unvollständig hielten und deshalb ihre eigenen Bedingungen und Anforderungen hinzufügen wollten. In Jesus Christus sind unsere Sünden vergeben, und das sollte genügen.

Doch wenn der Versuch, uns selbst zu vergeben, dem Wunsch entspricht, dem Evangelium etwas hinzuzufügen, dann ist Unversöhnlichkeit ein sicherer Weg zur Reduzierung der guten Nachricht. Versuchen Sie es einmal mit einem anderen Denkansatz. Gott hat unsere Schuld vergeben und wir haben seine Gnade angenommen. Deshalb gehen wir in die Welt hinaus und erzählen verlorenen Menschen, dass sie genau das brauchen, was wir haben. „Er kann Ihnen Ihre Schuld vergeben. Er kann Sie rein waschen. Er kann Sie zu einem freien Menschen machen." So oder ähnlich lautet unser zuversichtlich vorgetragenes Angebot.

Vergebung können Sie sich nicht selbst schenken, denn Jesus hat sie am Kreuz für Sie erkauft.

Aber unsere Mitmenschen kennen uns. Im Büro arbeiten sie mit uns zusammen. Sie schneiden uns die Haare. Sie sitzen beim Mittagessen mit uns an einem Tisch. Sie wohnen in unserer Nachbarschaft. Und sie hören uns reden. Sie hören, wie wir über unseren Ehemann/unsere Ehefrau sprechen, über unsere Schwiegereltern, den Handwerker, der beim Verlegen der Fliesen in unserer Küche gepfuscht hat, über den Lehrer, der unserem Kind nur eine kleine Rolle im Theaterstück gegeben hat.

Und so bekommt unser Reden über Jesus Christus leicht einen hohlen Klang. Unsere Botschaft über die Gnade und Barmherzigkeit Gottes klingt kaum glaubhaft, wenn wir uns weigern, anderen Menschen zu vergeben, und gleichzeitig behaupten, wir hätten von Gott Vergebung empfangen.

Andererseits gibt es für die Welt um uns herum keinen überzeugenderen Beweis für die Wahrheit der von uns verkündeten Botschaft, wenn wir die Vergebung, die wir selbst erfahren haben, an unsere Mitmenschen weitergeben.

Fragen Sie doch die vielen Dutzend Menschen aus dem Stamm der Santal, die in der ländlichen Region im Osten von Nepal leben. Sie haben erst kürzlich zum Glauben an Jesus Christus gefunden. Als eine Frau aus diesem Stamm sich entschied, Jesus nachzufolgen, wurde sie von ihrer Familie und ihren Nachbarn krankenhausreif geschlagen. Sie starb an den Folgen ihrer Verletzungen. Die Polizei nahm einige Stammesmitglieder fest und brachte sie wegen des Mordes an der Frau vor Gericht. Die Christen, die im selben Dorf wohnten, gaben jedoch bekannt, dass sie den Mördern vergeben hätten. Sie baten um Freispruch für die Schuldigen.

Diese Reaktion verblüffte die Dorfbewohner und erreichte ihre Herzen. Hunderte strömten herbei, um zuzuhören, als das Evangelium verkündigt wurde. Viele fanden zum Glauben an Jesus Christus; nun entsteht in dem Dorf gerade eine neue christliche Gemeinde.[6]

Fragen Sie den Apostel Paulus. Fragen Sie ihn, ob er sich noch an den Tag erinnert, an dem er neben einer wütenden Volksmenge stand und auf die Mäntel jener Männer aufpasste, die einen von diesen „Gotteslästerern" töteten, einen jungen Mann namens Stephanus.

Fragen Sie den Apostel Paulus, ob er noch an jene kraftvollen Worte von Stephanus denkt, jene Worte, die den Lärm einer nachmittäglichen Steinigung übertönten. Als Paulus später erkannte, wer Jesus Christus wirklich war, als er erfuhr, was der sterbende Sohn Gottes am Kreuz gesagt hatte, dachte er bestimmt an die Worte des Stephanus zurück: „Herr, rechne ihnen diese Sünde nicht zu!" (Apostelgeschichter 7,60).

Dieser junge Mann hatte etwas Wichtiges begriffen. Das, was er von Jesus Christus empfangen hatte, gab er in der Kraft seines Herrn an seine Mörder weiter. Das Kreuz war das Verbindungsstück. Vergebung empfangen, Vergebung weitergeben.

Das Schwert in Ihrer Hand

Wenn Sie den Filmklassiker *Ben Hur* gesehen haben, erinnern Sie sich vielleicht, wie Juda Ben Hur fälschlicherweise angeklagt wird, einen römischen Hauptmann angegriffen zu haben. Als Folge seiner vermeintlichen Tat werden das Anwesen seiner Familie und sein gesamter Besitz beschlagnahmt. Seine Mutter und Schwester werden in einen unterirdischen Kerker geworfen. Wegen der schlimmen Bedingungen dort erkranken beide an Lepra. Juda selbst wird als Galeerensklave auf ein römisches Kriegsschiff gebracht.

Verantwortlich für dieses große Unrecht ist Messala, sein Freund aus Kindertagen. Er hat Juda an die Römer ausgeliefert.

Die Jahre vergehen. Juda verzehrt sich vor Hass und Bitterkeit gegenüber den Römern im Allgemeinen und Messala im Besonderen. Er ist förmlich besessen von dem brennenden Wunsch nach Rache. Als die Umstände sich ändern und er in sein Heimatland zurückkehren kann, lodert sein Zorn bei der Erinnerung an das schwere Unrecht, das seiner Familie angetan wurde, wieder auf.

Auch als er seiner Jugendliebe Esther wieder begegnet, scheint ihn die Last seines Schmerzes fast zu erdrücken. Im Gespräch mit ihr ergießt sich das Gift seiner rasenden Wut, dieses Zorns, der ihn ständig quält.

Aber an jenem Tag ist Esther zum ersten Mal einem Mann namens Jesus begegnet. „Wenn du diesen Mann aus Nazareth hören könntest ...“, sagt sie wehmütig und erinnert sich an seine Worte. „Er hat gesagt: ‚Selig sind die Barmherzigen, denn sie werden Barmherzigkeit empfangen. Selig sind die Friedensstifter, denn sie werden Kinder Gottes genannt werden.‘ Die Stimme, die ich heute auf dem Berg gehört habe, hat gesagt: ‚Liebet eure Feinde. Tut wohl denen, die euch hassen.‘“

Bei Juda bewirken diese Worte jedoch das Gegenteil. In seiner Wut hat er kein Interesse an Barmherzigkeit. Er will weder Frieden stiften noch seine Feinde lieben.

Unter Tränen sagt Esther zu ihm: „Ich habe Juda Ben Hur geliebt! Aber was ist aus ihm geworden? Du bist wie deine Feinde geworden, die du vernichten willst, wenn du Böses mit Bösem vergelten willst. Der Hass verwandelt dein Herz in Stein."

Und dann folgen jene Worte, die uns aufhorchen lassen: „Es ist, als ob du dich in Messala verwandelt hättest."

Lassen Sie diesen Satz noch einmal auf sich wirken. Ist es denkbar, dass Sie genauso werden wie der Mensch, der Sie so sehr verletzt hat? Ist aus Ihnen ein anderer Mensch geworden, eine Person, die Sie niemals sein wollten? Zeigen sich bei Ihnen Denkweisen und Charakterzüge, die Sie bei Ihren Mitmenschen verachten? Macht der Hass Ihr Herz hart und steinern?

Gott will Sie zu einem freien Menschen machen. Diese Befreiung findet für Sie am selben Ort statt wie für die Filmfigur Ben Hur.

Im Film geht die Handlung weiter. Juda kommt schließlich nach Jerusalem, und zwar genau an jenem Tag, an dem Jesus zu seiner Kreuzigung geführt wird. Juda folgt der traurigen Prozession nach Golgatha, bis er schließlich im Schatten des mittleren Kreuzes steht. Er sieht zu, wie das Blut Jesu aus seinem geschundenen Körper fließt und in den Boden am Fuß des Kreuzes dringt.

Während er den Erlöser anstarrt, durchdringt die Liebe Jesu endlich sein verhärtetes Herz. Schweigend, ohne ein Wort zu sagen, nimmt er diese Liebe im Glauben an. Sein Gesicht wirkt verändert. Die Spuren der jahrelang aufgestauten Bitterkeit und des Hasses werden buchstäblich abgewaschen – von der Liebe, dem Blut und der Gnade Jesu.

In der letzten Szene des Films berichtet Juda Esther von diesem alles verändernden Augenblick. „Ich habe gehört, wie er gesagt hat: ‚Vater, vergib ihnen, denn sie wissen nicht, was sie tun', und ich habe gemerkt, wie er mir mit diesen Worten das Schwert aus der Hand geschlagen hat."

Ich möchte Ihnen eine Frage stellen: Halten Sie noch immer ein Schwert in der Hand – ein Schwert aus Bitterkeit, Groll, Rachegelüsten und Unversöhnlichkeit? Wenn das der Fall ist, dann lade ich Sie ein, sich auf den Weg nach Golgatha zu machen. Stellen Sie sich unter das Kreuz, und sehen Sie mit eigenen Augen, was Jesus ertragen hat, um für Sie die Vergebung zu erlangen, das schreckliche Leid, den Todeskampf, den er durchgemacht hat, damit Sie frei sein können. Hören Sie, wie er denen vergibt, die ihn ans Kreuz gebracht haben. Und lassen Sie zu, dass seine Worte Ihnen das Schwert aus der Hand schlagen.

Wollen Sie den gleichen Weg gehen wie unser Herr Jesus Christus? Wollen Sie aus seiner Hand das gebrochene Brot und den Wein nehmen, damit Sie beides weitergeben können? Wollen Sie ein Spiegelbild der beispiellosen Gnade Gottes sein, ein lebender Beweis für die Kraft und Schönheit der Vergebung?

Vergebung empfangen, Vergebung weitergeben. Das ist der Weg des Kreuzes, das Herzstück des Evangeliums.

Zum Nachdenken

- Gibt es in Ihrer Vergangenheit eine Sünde, die Sie sich noch immer nicht verzeihen können? Welche Rolle spielt für uns a) das Kreuz und b) das Gottvertrauen, damit die Vergebung, die Gott uns schenkt, in unserem Leben voll und ganz zur Realität wird?
- Inwiefern ist Ihr Leben ein Ausdruck der Liebe Gottes zu sündigen Menschen? Machen Sie die Botschaft des Evangeliums für Ihre Mitmenschen glaubwürdig durch die Art, wie Sie auf Menschen reagieren, die Ihnen Unrecht tun?
- Nehmen Sie sich ein bisschen Zeit und denken Sie über das Kreuz nach. Was bedeutet der Tod Jesu für Sie als sündigen Menschen? Und was bedeutet der Tod Jesu für Sie als jemand, an dem gesündigt wurde?

Kapitel 5
Vergebung – eine Kunst

Die Herrlichkeit des Christentums besteht darin, dass man durch Vergebung den Sieg erringt.
William Blake

Wie funktioniert das mit der Vergebung denn überhaupt?

In der ersten Hälfte dieses Buches haben wir uns mit den wichtigsten Fragen nach dem Warum von Vergebung befasst. Aber wie alles andere im Glaubensleben steckt viel mehr dahinter als die Fragen nach dem Wozu und Warum. Unser christlicher Glaube ist dynamisch. Er wird erst dann lebendig und attraktiv für andere Menschen, wenn wir unsere theoretische Erkenntnis in die Praxis umsetzen.

Hinter der Vergebung liegt jenes Leben, das Gott für Sie geplant hat, als er seinen Sohn ans Kreuz geschickt hat, um auch für Ihre Sünden zu sterben. Dieses Leben gibt Ihnen die Freiheit, für andere Menschen zum Segen zu werden, Ihren Weg ohne Bitterkeit und Groll im Herzen zu gehen, voller Vertrauen mit Gott und Ihren Mitmenschen umzugehen. Am wichtigsten ist jedoch die Fähigkeit, ein lebender Beweis zu sein für das Evangelium und die Gnade Gottes.

> Unser christlicher Glaube wird erst dann lebendig und attraktiv für andere Menschen, wenn wir unsere theoretische Erkenntnis in die Praxis umsetzen.

Aber wie erreichen Sie dieses Ziel? Wie gelangen Sie an den Punkt, an dem Vergebung ihre heilende Wirkung entfalten kann– bei Ihnen und auch bei dem Menschen, der Ihnen Unrecht getan hat?

Wie schaffen Sie es, so zu handeln wie jene Frau, die mir die folgenden Zeilen schrieb? „Ich habe mich entschlossen, meinem Mann zu vergeben, dass er, bevor wir uns kennenlernten, sexuellen Verkehr mit seiner damaligen Freundin hatte. An diese Verletzung habe ich mich vier Jahre lang geklammert. Jetzt freue ich mich von ganzem Herzen, dass ich ihn umarmen und ihm sagen kann: Du bist frei."

Wie werden Sie frei von einem Problem, das viele Jahre Ihres Lebens unterschwellig vorhanden war wie bei jener Person, die mir Folgendes erzählt hat? „Der Herr hat mich fähig gemacht, einen Gefangenen zu befreien, den ich über 16 Jahre in meinem Inneren festgehalten habe. Jetzt kann Gott mir die vergeudeten Jahre wieder neu schenken."

Wie werden Sie mit einem Unrecht fertig, das sich in Ihrem Inneren so stark festgesetzt hat, dass es Ihr ganzes Wesen und Ihre Lebenseinstellung wie ein

Krebsgeschwür durchdringt? Ich denke da an eine Frau, die zu mir sagte: „Meine Brüder und mein Vater haben mich sexuell missbraucht, seit ich mich erinnern kann. Das Ganze hat angedauert, bis ich 16 Jahre alt war. Danach habe ich jahrelang zugelassen, dass Männer meinen Körper benutzten. Ich wusste ja nicht, wie ich eine gesunde Beziehung zum anderen Geschlecht aufbauen konnte. Nun trage ich schon so lange den Hass auf Männer in meinem Herzen. Aber jetzt will ich ihn loslassen und an Gott abgeben."

Ich erlebe immer wieder, wie unser Herr Jesus Christus Menschen die Kraft zur Vergebung schenkt, oft auch in Situationen, die unser Vorstellungsvermögen übersteigen.

„Letztes Jahr im Februar", schrieb mir eine Frau, „ist ein Nachbar bei uns eingebrochen. Er ermordete meinen Mann, dann entführte und vergewaltigte er mich. Anschließend beging er Selbstmord. Nun stehe ich mit drei kleinen Kindern alleine da." Sie schrieb von ihrer großen Zufriedenheit „bei dem Gedanken, dass er (der Täter) jetzt in der Hölle schmort" und wie sie nur deshalb mit ihrer schlimmen Lage zurechtkäme, weil sie sich vorstellte, wie er für seine Tat bestraft wird.

Gott begann an ihrem Herzen zu wirken, als ich bei einer Frauenkonferenz über das Thema „Vergebung" sprach. Sie wusste, dass sie diesen tiefen Schmerz kaum noch ertragen konnte. Sie wusste, dass sie dem Mann vergeben musste. Sobald sie diesen Schritt wagte, zog der Friede Gottes in ihr Herz ein. Sie musste jetzt nicht mehr unbedingt wissen, welches Schicksal der Täter erleidet. „Jetzt bin ich frei. Ich weiß nicht, ob der Mann in der Hölle oder im Himmel ist. Aber ich weiß, dass Gott alles in seiner Hand hat und ich ihm dafür danken kann."

Ich erlebe oft, wie der Herr in Beziehungen zwischen Menschen, die noch nicht einmal zusammen im selben Raum sein können, versöhnend und heilend wirkt. Ich erinnere mich noch, wie am Ende einer anderen Konferenz zwei Frauen auf mich zukamen, die mir ihre Geschichte erzählen wollten. Es handelte sich um eine Mutter und ihre Schwiegertochter. Die junge Frau war hochschwanger. Sie war seit vier Jahren mit dem Sohn der anderen Frau verheiratet.

Seit sie einander kannten, waren sie nie miteinander ausgekommen. Ihre gegenseitige Abneigung war sogar eher gewachsen. Sie konnten noch nicht einmal sagen, was sie gegeneinander hatten, aber sie waren an einem Punkt angelangt, an dem sie sich nur noch auf die Nerven gingen.

Bestimmt wissen Sie, wie so etwas passieren kann. Vielleicht ist es auch Ihnen passiert.

Obwohl die Schwiegermutter Mitglied des Organisationsteams für die Konferenz war, hatte sie ihre Schwiegertochter nicht zu der Veranstaltung eingeladen. „Ich wusste, dass sie nicht kommen würde, wenn sie von mir eine Einladung bekäme."

Aber die Schwiegertochter kam zu der Veranstaltung, obwohl sie nicht eingeladen war.

Sicherlich ahnen Sie es schon: Gott erreichte die beiden Frauen, die in unterschiedlichen Sitzblöcken in dem Vortragssaal saßen. Im Laufe dieses Nachmittags, als ich über die große Bedeutung von Vergebung sprach, machte eine der beiden den ersten Schritt. Ich weiß zwar nicht mehr, welche von ihnen es war, aber sie fanden sich schließlich im Gebetsraum wieder. Sie lagen sich in den Armen, baten einander um Vergebung und vergaben einander.

Gott kann es möglich machen – in jeder Situation, auch in *Ihrer* Situation. Er gibt Ihnen die Kraft, wenn Sie sich dazu entschließen, das zu tun, wozu er sie auffordert.

Nur – wie funktioniert das?

Wer war es?

Es gibt drei praktische Schritte, mit deren Hilfe Sie den gesamten Prozess beschleunigen und festigen können. Damit will ich nicht sagen, dass sich Vergebung einfach auf eine Drei-Punkte-Formel reduzieren lässt. Natürlich muss man dabei schmerzliche Erinnerungen, Gefühle und zwischenmenschliche Beziehungen berücksichtigen und unter Umständen dauert der Heilungsprozess etwas länger. Aber ich finde diese drei ersten Schritte für diesen Prozess und für den Weg durch das Tor zur Freiheit sehr hilfreich.

Auf dem Weg zur Vergebung sollten Sie zuallererst *1.) die Menschen, die Ihnen Unrecht getan haben, und auch die Art und Weise, wie das geschehen ist, benennen.*

Am besten nehmen Sie dafür ein Blatt Papier und ziehen darauf zwei gerade Linien von oben nach unten, sodass drei gleichmäßige Spalten entstehen (wie im Beispiel auf der nächsten Seite). In die linke Spalte schreiben Sie die Namen der Personen, die Ihnen ein Unrecht angetan, derjenigen, mit denen Sie noch immer ungelöste Konflikte haben.

Sie wissen, wer diese Leute sind. Es kann sich um Ihre Mutter handeln, um Ihren Vater, um Stiefeltern, um einen Bruder, eine Schwester, einen ehemaligen Arbeitgeber oder Pastor, einen Nachbarn, einen Sohn oder eine Tochter, einen Exmann oder eine Exfrau. Sie alle haben Platz auf Ihrer Liste.

Name	erlittenes Unrecht	meine Reaktion

Dann kommt die mittlere Spalte dran. Neben die Namen schreiben Sie das Unrecht, das die einzelnen

Personen Ihnen angetan haben. Was haben sie getan? Werden Sie konkret.

„Moment mal“, sagen Sie jetzt vielleicht. „Wozu soll ich das alles wieder hervorholen? Ich denke, wir sollen vergeben und vergessen, das erlittene Unrecht begraben. Und jetzt soll ich alles aufschreiben?“

Die folgende Erkenntnis ist wichtig für uns. Vergebung bedeutet nicht, so zu tun, als ob ein Unrecht nicht geschehen wäre. Wir sollten ehrlich sein und uns nichts vormachen. Bei echter Vergebung geht es nicht um geistige Spitzfindigkeiten und Traumwelten. Es geht nicht um eine Flucht vor der Wirklichkeit, sondern darum, sich der Realität zu stellen und sich auf eine gottgemäße Art mit ihr auseinanderzusetzen.

Vergebung bedeutet nicht, so zu tun, als ob ein Unrecht nicht geschehen wäre.

Das Unrecht, das andere Ihnen angetan haben, war nicht in Ordnung. Ihre Mitmenschen haben Sie verletzt. Gott will nicht, dass Sie vor Ihrem Schmerz davonlaufen, sondern dass Sie *in* Ihrem Schmerz *zu ihm* laufen, dass Sie sich Ihrer Wut stellen, dass er Ihnen dort begegnen kann, wo es wehtut, damit er Sie von Ihrem Schmerz befreien kann.

An dieser Stelle möchte ich jedoch eine Einschränkung machen: Wenn ich Ihnen empfehle, das von Ihren Mitmenschen an Ihnen begangene Unrecht niederzuschreiben, meine ich damit nicht, dass Sie Erlebnisse aus Ihrer Vergangenheit hervorholen sollen, an die Sie sich schon gar nicht mehr erinnern. Diesen Rat geben Ihnen vielleicht andere Seelsorger oder Therapeuten. Gott kann schmerzliche Erinnerungen aus unserem Gedächtnis tilgen und beschließt manchmal auch, es zu tun. Deshalb hat es nur wenig Sinn, diese von Gott barmherzig ausgelöschten Erinnerungen wiederzubeleben. Meiner Meinung nach kann man sogar großen Schaden anrichten, wenn man so etwas versucht.

Wenn es jemanden gibt, dem Sie vergeben müssen, dann werden Sie sich nicht erst auf die Suche nach der betreffenden Person oder den Gründen machen müssen. Stellen Sie sich den Problemen oder Konflikten, die gelöst werden müssen und die Ihnen bewusst sind. Vertrauen Sie dem Herrn, dass er Sie an weiteres Unrecht erinnert, wenn Sie bestimmten Personen vergeben müssen.

Schreiben Sie alle Ihnen bewussten Verletzungen aus der Vergangenheit auf. Leugnen Sie nichts, sondern sehen Sie das Unrecht als Sünde an, die an Ihnen begangen wurde.

Ein reines Gewissen?

Manche Seelsorger oder Therapeuten setzen an dieser Stelle einen Schlusspunkt. Ihrer Meinung nach ist die heilende Wirkung gewährleistet, wenn Sie die Namen der Menschen nennen, die Ihnen Unrecht getan haben. Vielleicht empfehlen sie Ihnen sogar, diese Liste zu verbrennen, damit Ihr Schmerz und Ihr Leid symbolisch in Rauch aufgehen.

Aber ich vertrete die Auffassung, dass die Bibel uns zu einem weiteren Schritt hinführt, zu etwas, das tiefer geht, eine größere Heilkraft und Heiligkeit hat, nämlich:

2.) Gehen Sie sicher, dass Sie gegenüber allen auf Ihrer Liste aufgeführten Personen ein reines Gewissen haben.

Dafür ist die dritte Spalte auf Ihrer Liste da. Fragen Sie sich, wie Sie auf das Verhalten der jeweiligen Person reagiert haben. Und dann schreiben Sie die Antwort auf.

- Haben Sie dem/der Betreffenden den Segen Gottes zugesprochen?
- Haben Sie dem/der betreffenden Person gegenüber Liebe geübt?
- Haben Sie für den Betreffenden/die Betreffende gebetet?
- Haben Sie dem/der Betreffenden vergeben?

Oder wäre es ehrlicher, sich einzugestehen, dass Sie dieser Person die Liebe verweigern, dass Sie einen Groll gegen sie hegen und wütend auf sie sind?

Reden Sie bei Ihren Kindern schlecht über Ihren Exmann? Errichten Sie innere Mauern gegenüber jener Nachbarin, die ständig ihre Nase in Ihre Angelegenheiten steckt, oder gegenüber jener Kollegin, die Ihren Glauben ins Lächerliche zieht? Äußern Sie sich negativ über die Person, die Sie in Ihrem Bekanntenkreis in ein schlechtes Licht gestellt hat? Üben Sie eine subtile Rache an Ihrer Schwiegermutter oder Ihrer Schwester/Ihrem Bruder, die/der Ihnen das Leben schwergemacht hat, indem Sie sie/ihn mit Schweigen bestrafen und sich aus der Beziehung lösen, anstatt sich darum zu bemühen, ihr/ihm mit Liebe zu begegnen?

Sie können nicht wirklich vergeben, wenn Sie kein reines Gewissen gegenüber denjenigen haben, die Ihnen ein Unrecht angetan haben, wenn Sie nicht zulassen, dass Gott seine Liebe in Ihr Herz legt, gerade für Menschen, die Sie enttäuscht haben.

Natürlich sind Sie nicht verantwortlich für das, was in der mittleren Spalte Ihrer Liste steht (es sei denn, das begangene Unrecht ist eine Reaktion auf eine Sünde, die Sie an einem Ihrer Mitmenschen begangen haben). Sie haben nicht darum gebeten, dass man Ihnen Unrecht tut, Sie haben es auch nicht herausgefordert und Sie haben es nicht verdient. Aber *Sie* tragen die Verantwortung – und zwar die alleinige und vollständige Verantwortung – für das, was in der dritten Spalte steht.

Wenn Ihre Reaktion nicht so war, wie Jesus es von Ihnen erwartet hätte, dann müssen Sie auf die andere Person zugehen und sie für Ihr sündiges Verhalten ihr gegenüber um Vergebung bitten.*

Auch dieser Gedankengang führt manchmal zu einer (durchaus verständlichen) Spontanreaktion: „Moment mal! Dieser Mensch hat doch *mir* Unrecht getan! Und jetzt behaupten Sie, ich soll *ihn* um Vergebung bitten für das, was *ich* ihm angetan habe?!"

Ja.

Vielleicht haben Sie tatsächlich ein reines Gewissen gegenüber dieser Person. Vielleicht haben Sie tatsächlich keine Rachegelüste empfunden oder hinter ihrem Rücken schlecht über sie geredet. Vielleicht haben Sie ja nicht die Augen verdreht, als sie gesagt hat, dass es ihr leidtut.

---

* Natürlich gibt es Situationen, in denen es nicht angemessen wäre, zu jemandem, der einem Unrecht getan hat, wieder Kontakt aufzunehmen. Wenn Sie sich nicht sicher sind, sollten Sie mit Ihrem Pastor oder einem anderen erfahrenen Christen über das Problem sprechen.

Ich hoffe, das ist der Fall, aber wie oft verhält es sich anders!

In den meisten Fällen wird das *Opfer* zum *Täter*, wenn es um die Reaktion auf begangenes Unrecht geht. Das Opfer eines Unrechts meint, es sei durchaus gerechtfertigt zu denken: *Er hat es nicht anders verdient ... Es ist schließlich seine Schuld ...*

Es spielt keine Rolle, was unsere Reaktion ausgelöst hast, aber wenn wir Unrecht begangen haben, sei es einem Ehepartner gegenüber, einem Elternteil, einem Freund oder einer Freundin, einem alten Bekannten oder einer Autoritätsperson gegenüber, dann müssen wir diese Person um Vergebung bitten, als ob wir dieses Unrecht ausgelöst hätten. Wir müssen für unsere sündhafte Reaktion die Verantwortung übernehmen.

„Na ja", räumen Sie jetzt vielleicht ein. „Vielleicht war ich ja zu *fünf Prozent* für das Scheitern unserer Ehe verantwortlich. Aber zu *95 Prozent* war es seine Schuld!"

Also gut. Dann übernehmen Sie zu 100 Prozent die Verantwortung für Ihre fünf Prozent und bitten Sie Ihren Ehepartner um Vergebung.

Wenn Sie das Wirken Gottes an Ihrem Herzen zulassen, dann finden Sie eventuell heraus, dass der prozentuale Anteil der Schuld doch nicht so verzerrt ist, wie Sie es sich vorgegaukelt haben. Natürlich gibt es auch Situationen, in denen wir vollkommen schuldlos sind, weil wir nur wenig oder gar nichts zum jetzigen Zustand beigetragen haben. Es gibt Situationen, in denen wir Vergebung üben und weiterziehen, ohne einen Groll zu hegen.

Aber meistens sind wir allzu schnell bereit, unseren Anteil an der Schuld zu übersehen, genauso schnell wie die Person, die uns das Unrecht angetan hat. Ein solches Verhalten hinterlässt häufig einen ganzen Haufen aus nicht eingelöster Verantwortung. Die Folge ist, dass sich das verspritzte Gift weiter ausbreitet und der Schaden immer größer wird.

In der Bergpredigt erinnert uns Jesus daran, dass es viel leichter ist, das Versagen im Leben der anderen zu sehen als unser eigenes Versagen. Wir neigen dazu, die Sünden anderer Menschen unter das Mikroskop zu legen, während wir unsere eigenen mit dem Teleskop betrachten.

Jesus betont, wie wichtig es ist, zunächst mit unseren eigenen Sünden fertigzuwerden, bevor wir uns den Fehlern der anderen zuwenden:

Was aber siehst du den Splitter, der in deines Bruders Auge ist, den Balken aber in deinem Auge nimmst du nicht wahr? Oder wie wirst du zu deinem Bruder sagen: Erlaube, ich will den Splitter aus deinem Auge ziehen; und siehe, der Balken ist in deinem Auge? Heuchler, zieh zuerst den Balken aus deinem Auge! Und dann wirst du klar sehen, um den Splitter aus deines Bruders Auge zu ziehen.
Matthäus 7,3–5

Es geht nicht darum, das Unrecht, das Ihr „Bruder" Ihnen eventuell angetan hat, herunterzuspielen. Es ist nur schwierig, unbefangen mit *seiner* Sünde umzugehen oder ihm dabei zu helfen, diese Sünde abzulegen, wenn *Sie* versäumen, Ihre eigene Sünde zu bekennen. Von Heuchelei wollen wir hier gar nicht erst sprechen!

Deshalb seien Sie ehrlich und fragen Sie sich: Hat die Sünde eines anderen Menschen in Ihrem eigenen Leben Sünde erzeugt? Dann sollten Sie diese Sünde bekennen, und zwar den Betroffenen gegenüber, wenn das möglich und angebracht ist. Sie sollten sich dabei jedoch nicht herausreden oder ihnen die Schuld daran geben, Sie zu dieser Sünde gebracht zu haben. Sie sollten sich dabei auch nicht zu weiterem Unrecht hinreißen lassen, indem Sie Ihrer Wut auf den Betroffenen freien Lauf lassen.

Gott sagt zu Ihnen: „Übernimm die Verantwortung für deinen Anteil am Unrecht." Sind Sie dieser Aufforderung schon gefolgt?

Wenn nicht, zeigen Sie Demut und bitten Sie um Vergebung. Sie sollten dafür sorgen, dass Sie ein reines Gewissen haben.

Der nächste Schritt

Wenn Sie die Namen der Personen, die Ihnen Unrecht getan haben, benannt haben und vor unserem Herrn Jesus Christus und dieser Personen ein reines Gewissen haben (nachdem Sie um Vergebung gebeten haben für Ihren Beitrag zu dem, was zwischen Ihnen geschehen ist, oder für Ihre sündige Reaktion auf ihr Verhalten), wird es Zeit für den nächsten – und vielleicht schwersten – Schritt auf Ihrem Weg in die Freiheit:

3.) Fassen Sie den Entschluss, jedem Menschen, der Ihnen Unrecht getan hat, voll und ganz zu vergeben.

Jetzt sind wir an dem Punkt, auf den es wirklich ankommt. Jetzt kommen eventuell alle Ihre verletzten Gefühle in Ihnen hoch. Sie wehren sich, weil Sie meinen, Sie müssten sich selbst schützen. Sie protestieren lautstark. An diesem Punkt setzt der Feind alles in Bewegung, weil er Sie davon abhalten will, den Weg mit Gott bis zum Ende zu gehen und nach seinem Willen zu handeln.

Aber wenn sich das Tor zur Freiheit für Sie öffnen soll, müssen Sie diesen Schritt gehen.

Fassen Sie den Entschluss, jedem Menschen, der Ihnen Unrecht getan hat, voll und ganz zu vergeben. Löschen Sie den Schuldschein. Drücken Sie die „Entfernen"-Taste. Lassen Sie diese Menschen los.

Sie müssen sich nicht danach *fühlen.* Sie müssen es nicht *wollen.* Aber wenn Sie ein gehorsames Kind Gottes sind, müssen Sie vergeben.

Als Sie mit der Lektüre dieses Buches begonnen haben, hat Gott Sie aller Wahrscheinlichkeit nach daran erinnert, dass es da noch dieses ungelöste Problem gibt, das schon seit Jahren in Ihrem Leben eine große Rolle spielt. Sie wussten bereits, wo es enden würde. Auf dem Weg zur Freiheit in Jesus Christus gibt es einfach keinen Umweg.

„Doch wenn ihr betet, *müsst ihr zuerst jedem vergeben, gegen den ihr etwas habt*" (Markus 11,25; NeÜ).

„Aber wenn die anderen mich nicht um Vergebung bitten? Was ist denn, wenn sie meinen, sie hätten gar kein Unrecht getan?"

Wenn diese Menschen nicht zu echter Reue bereit sind, können sie von Gott keine Vergebung erwarten (die Vergebung, die die wichtigste in ihrem Leben wäre), und ihnen bleibt eine unbelastete Beziehung zu Gott verwehrt. Außerdem hindert sie diese Haltung daran, in ihrer Beziehung zu Ihnen und zu anderen Menschen Heilung zu erleben.

Auch wenn die Hartherzigkeit dieser Personen Auswirkungen auf deren Wohlbefinden und ihre zwischenmenschlichen Beziehungen hat – solange sie sich nicht ihrer Sünde stellen und diese vor Gott bringen, und auch wenn sie sie gefangen hält, kann niemand *Sie* dazu zwingen, im Gefängnis Ihres eigenen Herzens zu verharren, wenn Sie den mutigen Schritt der Vergebung wagen. Diese Entscheidung können und müssen Sie für sich selbst treffen, unabhängig davon, an welcher Station des Weges sich Ihr Gegenüber befindet.

Wenn Sie in dieser Sache auf den Herrn hören, sollten Sie konsequent sein und den Menschen, die Ihnen Unrecht getan haben, tatsächlich vergeben. Ich höre oft, wie aufrichtige Christen beten: „Herr, bitte hilf mir, diesem Menschen zu vergeben." Andere drücken sich so aus: „Ich weiß, dass ich ihm vergeben muss ..." Ich zweifle nicht an der Ehrlichkeit dieser Leute, aber in diesem Fall genügt das nicht. Bitten Sie Gott nicht nur um Hilfe. Sprechen Sie auch nicht von der Notwendigkeit, Ihrem Gegenüber zu vergeben. Gehen Sie den Weg bis zum Ende. Sagen Sie: „Herr, im Bewusstsein deiner Gnade und im Gehorsam dir gegenüber *entschließe ich mich*, diesem Menschen zu vergeben, seinen Schuldschein zu tilgen, die ‚Entfernen'-Taste zu drücken, den Täter freizulassen, das begangene Unrecht in deine Hände zu legen. Ich vergebe ihm!"

Vergebung für Terroristen?

Gracia Burnham und ihr Mann Martin haben diesen Entschluss gefasst – unter Umständen, in denen die meisten Menschen Vergebung für unmöglich gehalten hätten.

Während eines Kurzurlaubs wurden die beiden Missionare von philippinischen Terroristen entführt. Ein Jahr lang ertrugen die beiden Qualen, Folter, Not und Misshandlungen, während sie ziellos durch das Dickicht eines tropischen Dschungels getrieben wurden. Im Juni 2002 konnte Gracia während eines Befreiungsversuches durch die philippinische Armee fliehen. Sie war zwar verletzt, aber endlich frei. Ihr Mann kam bei dem Feuergefecht ums Leben.

Nach allem, was sie gemeinsam durchlitten hatten, musste Gracia den Dschungel alleine verlassen.

Ihre schmerzliche Geschichte erzählt sie in ihrem Buch *Im Angesicht meiner Feinde* (erschienen 2003 bei Gerth Medien, Asslar; Anm. d. Übers.) und auch in der Fortsetzung unter dem Titel *To Fly Again* (erschienen 2005 bei Tyndale House Publishers; Anm. d. Übers.). In ihren Erinnerungen nimmt sie uns mit hinein in den brutalen Alltag eines Lebens in Geiselhaft. Sie schildert albtraumhafte Szenen, die man sich nur schwer vorstellen, geschweige denn überleben kann, diese unerträgliche Hilflosigkeit, wenn man stundenlang an einen Baum gefesselt ist, in aufrechter Haltung schlafen und um Selbstverständlichkeiten betteln muss.

Sie berichtet über ihre Scham, weil sie ständig unter Durchfall litten, aber keine Möglichkeit hatten, sich zurückzuziehen oder sich zu waschen. Die fehlende

Hygiene trug nur noch dazu bei, die Krankheit zu verschlimmern.

Sie schreibt von ihrer Erschöpfung, weil sie auf dem Weg durch unwegsames Gelände 20 Kilo schwere Lasten auf dem Rücken tragen mussten. Es gab praktisch keinen Schutz vor Wind oder Regen und so gut wie keine Nahrung für ihre geschwächten Körper.

Was für eine Qual.

Und wenn sie gerade einmal nicht unter Todesangst litten, kam die Wut dazu.

„Als Martin und ich am Feuer hockten und auf unser Essen warteten", erinnert sie sich, „beobachteten wir, wie derjenige, der die Portionen austeilte, auf jeden Teller Reis häufte, uns aber nur zwei Drittel einer Tasse gab, bloß weil wir keine Einheimischen und keine Muslime waren. Am liebsten hätte ich vor Wut laut aufgeschrien."[1]

Doch inmitten dieser erbarmungslosen Wildnis, angesichts der schwer bewaffneten Männer, die spöttisch lachten und sich über ihre Geiseln lustig machten, die sie an der Rückkehr nach Hause, an der Rückkehr zu ihren Kindern, zu einem angenehmen Leben mit allen Annehmlichkeiten hinderten, wirkte Gott im Herzen von Gracia.

Sie schreibt: „Solange ich den *Abu Sayyaf* (der Gruppe der Geiselnehmer) die Schuld an allem gab, befand ich mich in einem inneren Aufruhr. Ich beschuldigte die Terroristen. Ich beschuldigte die philippinische Armee, weil sie sich so ungeschickt anstellte. Ich beschuldigte die Regierung der USA, weil sie uns nicht befreite. Ich gab sogar Gott die Schuld, denn ... hält er nicht alles in seiner Hand?"

Aber allmählich veränderte sich ihre Sicht der Dinge. „Ich erkannte, dass mein Groll mich nicht weiterbrachte. ... In einer traumatischen Situation ist Wut eine verständliche Reaktion. Aber dadurch wird Wut nicht unbedingt zu etwas Produktivem. ... Die Alternative war natürlich die Vergebung, auch wenn ich von den Verantwortlichen keine Entschuldigung erwarten konnte. Ich hatte es in der Hand, ich ganz allein."

„In einer traumatischen Situation ist Wut eine verständliche Reaktion. Aber dadurch wird Wut nicht unbedingt zu etwas Produktivem."

Gracia Burnham

Und als sie den Weg der Vergebung wählte, wirkte Gott erneut an ihrem Herzen. Ihre Wut legte sich. Der Schmerz ebbte allmählich ab.

„Aber dann kam wieder ein neuer Tag", schreibt sie. „Und ein neues Unrecht geschah. Also musste ich erneut vergeben. Ich musste diese bewusste Entscheidung im Laufe der Zeit immer wieder neu treffen, bis ein Verhaltensmuster daraus wurde. Aber darin lag für mich ein Weg zu Selbstbeherrschung und Gelassenheit."

„Ich betete nicht: ‚Gott, hilf mir zu vergeben'", berichtet sie. „Wenn ich das getan hätte, hätte ich mich vor meiner eigenen Verantwortung gedrückt. ... Es war einzig und allein meine Aufgabe, aber *sobald ich den Entschluss gefasst hatte, Gott zu gehorchen, gab er mir auch die Kraft dazu*"[2] (Hervorhebung durch die Autorin dieses Buches).

Gracia lebt jetzt wieder in ihrer Heimatstadt im Bundesstaat Kansas. Sie kümmert sich um ihre drei Kinder, und ihr Leben verläuft wieder in Bahnen, wie wir sie auch kennen. Heute hat sie nicht mehr mit den Härten der Geiselhaft zu kämpfen, sondern mit ganz normalen Alltagsproblemen. Heute ärgert sie sich über ihr Kind, das vergessen hat, den Mülleimer auf den Bürgersteig zu stellen, über eine Freundin, die eine spöttische Bemerkung macht, oder ein Familienmitglied, das abfällig über jemanden redet.

Aber sie würde Ihnen sagen, dass das Modell der Vergebung auch in solchen Situationen wirksam ist.

Wir benennen das Unrecht. Wir sorgen für ein reines Gewissen gegenüber dem Menschen, der uns Unrecht getan hat. Wir entschließen uns – ja, Herr, wir *entschließen* uns –, den Weg der Vergebung zu gehen.

In guten wie in schlimmsten Zeiten

Meinen Sie noch immer, dass Sie nicht vergeben können? Meinen Sie, Ihre Situation sei einfach zu gravierend dafür?

Vor ein paar Jahren musste ich mit ansehen, wie eine gute Freundin wegen dieser Sache mit der Vergebung in großen Nöten war – nicht nur einmal, sondern immer wieder aufs Neue. Ich erinnere mich noch sehr gut an den Tag, als ihr Mann ihr nach 24 Jahren Ehe gestand, dass er seit sechs Monaten eine Affäre mit einer anderen Frau hatte.

Allein die Tatsache, dass ihr Mann das Treueversprechen gebrochen hatte, war schon schlimm genug. Aber er streute noch zusätzlich Salz in ihre Wunde, indem er ihr sagte, dass er sich nicht sicher sei, ob er das Verhältnis mit der anderen Frau beenden wollte oder nicht.

Das Ganze ging über ein Jahr so. „Er erzählte mir, dass er Schluss gemacht hätte“, schrieb sie kürzlich, als sie ihre Geschichte zu Papier brachte, „aber in Wirklichkeit hatte er die Beziehung zu dieser Frau nicht beendet. Er zeigte keine echte Reue in Bezug auf seine Sünde, sondern verübte sie weiter und prahlte mir gegenüber manchmal sogar damit. Dieses Verhalten hat mich und unsere Kinder tiefer verletzt, als Worte es beschreiben könnten.“

Dennoch gab Gott dieser untröstlichen Ehefrau die Kraft, sich an den Herrn zu klammern, ihrem untreuen Mann zu vergeben und an ihrer Liebe zu ihm festzuhalten, auch als ihr Schmerz am größten war, und das obwohl ihm offenbar jedes Bedauern über das begangene Unrecht fehlte.

„Zuerst habe ich mich nicht danach *gefühlt*, ihm zu vergeben“, sagte sie. „Meine erste Reaktion war hilflose Wut, und dann fühlte ich mich zutiefst verletzt. Aber ich denke noch immer an jene erste Nacht, nachdem ich erfahren hatte, dass mein Mann ein Verhältnis mit einer anderen Frau hatte. Ich hatte eine aufgeschlagene Bibel in der Hand, fiel vor Gott auf mein Angesicht und schüttete ihm mein Herz aus. Ich verstand nicht, warum Gott so etwas zulassen konnte, aber ich wusste, dass auch diese Sache durch seine liebevollen Hände zu mir gelangt war. Er wollte, dass diese Situation für mich zum Guten führen und letzten Endes zu seiner Ehre dienen sollte. *In jener Nacht habe ich den Entschluss gefasst, meinem Mann zu vergeben*, obwohl er mich nicht darum gebeten hatte, obwohl ich am ganzen Körper zitterte und der Schmerz mich beinahe betäubte. Ich konnte nur noch daran denken, wie Jesus am Kreuz hing und er seinen Vater bat, seinen Mördern zu vergeben."

War die Sache damit erledigt? Wurde mit diesem Entschluss das Zuhause dieses Ehepaars wieder zu einem Ort des Glücks, an dem alle offen miteinander umgingen und sich freitags auf den gemeinsamen Spieleabend freuten?

Nein. „In den nächsten 13 Monaten war ich oft am Boden zerstört, weil mein Mann mich durch seine Taten und Worte weiter verletzte. Trotzdem gab Gott mir immer wieder die Kraft, ihm zu vergeben, obwohl er noch immer in Sünde lebte.

Diese Bereitschaft zur Vergebung kam nicht aus mir selbst heraus. Ich bin ein schwacher und sündiger Mensch. In diesen schweren Zeiten erkannte ich jedoch, dass Gott seine Kraft in mein Herz goss, sodass ich immer wieder vergeben konnte."

Mitten in ihrer schmerzlichen Erfahrung, als meine Freundin sich für den Weg der Vergebung entschied, erlebte sie die Gegenwart und Kraft Gottes auf eine ganz außergewöhnliche Art.

In meinem Leben geschah etwas Erstaunliches, als ich meinem Mann immer und immer wieder vergab. Mitten in all dem Schmerz, den ich durchlitt, schenkte Gott mir innere Freiheit und Freude. Gott ließ mich die Erfahrung, die ich machte, nicht als etwas Negatives sehen, sondern als ein Geschenk, das ich freudig annehmen konnte. Aus unserer menschlichen Sicht gibt es keine Erklärung dafür. Gott schenkte mir Jubel in meinem Leid und die Gelegenheit, in sehr geringem Umfang zu erleben, wie es war, als Jesus von Menschen zurückgewiesen wurde.

Das sind nicht die Worte eines Bibellehrers, der sich in der Theorie mit diesem Thema auseinandergesetzt hat. Hier ist jemand, der nicht so losgelöst von den Härten des Lebens ist, dass er sich mit vorformulierten Antworten zufrieden gibt. Das ist das Zeugnis einer Frau, die weiß, wovon sie spricht, die weiß, wie es sich anfühlt, welchen Preis sie zu zahlen hat, was es bedeutet ... eine Frau, deren Gottvertrauen im Schmelzofen der Trübsal geläutert und zu Gold wurde.

Im Laufe der Zeit führte Gott ihren Mann zu einer echten Umkehr. Er heilte sein zerbrochenes Leben und ihre Ehe. Ich bin davon überzeugt, dass das nicht hätte geschehen können, wenn diese zutiefst verletzte Frau nicht bereit gewesen wäre, ihrem Mann zu vergeben, und zwar immer wieder, lange bevor sie eine Wirkung sehen oder sich über seinen Sinneswandel sicher sein konnte.

Am Ende ihres Zeugnisses schreibt sie:

Wenn wir uns entschließen, unseren Mitmenschen zu vergeben, selbst wenn sie hartherzig bleiben, gießt Gott in unsere Herzen Freiheit, Gnade, Frieden, Freude, Liebe – und sogar Vergebung. Es nimmt einem den Atem, wenn man so etwas selbst erlebt. Diese Erfahrung führt einen in der Beziehung zu Gott in Tiefen, die man niemals erreicht hätte, wenn man sich nicht auf diesen geheimnisvollen Weg begeben hätte.

Das ist wirklich beeindruckend!

Ist Ihnen klar, was das bedeutet? Was Sie auch durchmachen, wie groß oder klein das an Ihnen begangene Unrecht auch ist, der Entschluss, den Weg der

Vergebung zu wählen, kann Ihnen die kostbarste Zeit mit unserem Herrn Jesus Christus ermöglichen.

Ja, Vergebung ist etwas Übernatürliches, etwas, das nur Gott vollbringen kann. Ja, Vergebung übersteigt unsere menschlichen Fähigkeiten bei Weitem. Aber wenn Sie ein Kind Gottes sind, dann sind Sie durchdrungen von derselben Macht, die er „in Christus (hat) wirksam werden lassen, indem er ihn aus den Toten auferweckt" hat (Epheser 1,20). Stellen Sie sich das einmal vor! Das bedeutet, dass Sie die unbegrenzte Macht Gottes in sich tragen, die übernatürliche Fähigkeit, auch bei „unverzeihlichem" Unrecht Vergebung zu üben. Gott gibt Ihnen die Kraft, bei anderen Menschen die gleiche Vergebung zu üben, die Sie von Gott für *Ihre* Sünden empfangen haben.

Deshalb fassen Sie diesen Entschluss! Tun Sie es einfach! Warten Sie nicht, bis Sie sich vergebungsbereit fühlen oder bis Sie wissen, wie alles richtig funktioniert. Letzten Endes ist Vergebung kein Gefühl, sondern ein Willensakt, ein Glaubensakt. Geben Sie der Bitterkeit nicht noch einen weiteren Tag lang Raum in Ihrem Herzen!

Ihr ungelöstes Problem kann so gravierend sein wie die Beispiele, von denen Sie in diesem Buch gelesen haben – oder sogar noch schlimmer. Es kann auch vergleichsweise unbedeutend sein, so nebensächlich, dass Sie meinen, es sei keine so große Sache und es sei in Ordnung, diesen schwelenden Groll weiter in sich zu tragen.

Ob das Unrecht nun so groß ist, dass Sie meinen, Sie *könnten* es nicht vergeben, oder so geringfügig, dass Sie meinen, Sie *müssten* es nicht vergeben, so oder so bleiben

Sie in Ihrem inneren Gefängnis, bis Sie das Unrecht in den reinigenden Strom der unergründlichen Barmherzigkeit Gottes schicken und – es endlich *loslassen.*

Das ist der Wille Gottes für Sie – in Jesus Christus. Und Sie können sich dafür entscheiden!

Wenn Sie noch immer nicht den Sprung in den Ozean der Liebe Gottes, seiner Vergebung, wagen, dann rufen Sie ihm jetzt zu: „O Gott, um Jesu willen entscheide ich mich, diesem Menschen zu vergeben, so wie du mir vergeben hast. Ich entscheide mich, jedem Menschen zu vergeben, der mir ein Unrecht angetan hat."

„Ich entscheide mich zu vergeben!"

Zum Nachdenken

- „Wenn ihr dies wisst, glückselig seid ihr, wenn ihr es tut!" (Johannes 13,17).

Kapitel 6
Wenn wir auf Gott wütend sind

Wenn Menschen etwas erwarten, meinen sie,
sie hätten ein Anrecht auf diese Sache;
und so kann die Enttäuschung über unerfüllte Erwartungen
von uns sehr leicht in Verärgerung umgewandelt werden.
Screwtape an Wormwood
Dienstanweisung für einen Unterteufel, C. S. Lewis

Im Gerichtsverfahren ‚Drusky gegen Gott' hat Gott gewonnen." So lautete die Headline eines Artikels der *Associated Press* vom 15. März 1999.

Weiter hieß es in der Pressemeldung: „Die Klage eines Mannes aus Pennsylvania mit Gott als Angeklagtem wurde von einem Gericht in Syracuse [New York] abgewiesen." Nach einer langwierigen Auseinandersetzung mit seinem früheren Arbeitgeber (der damaligen Firma *U.S. Steel*) hatte Donald Drusky offiziell Gott die Schuld daran gegeben, dass er 30 Jahre zuvor nicht eingegriffen hatte, als er von der Firma die Kündigung erhielt.

„Der Angeklagte Gott ist der souveräne Herrscher des Universums", lautete die Begründung in der Klageschrift, „und er hat gegen die Leitung seiner Gemeinde und seiner Nation nicht korrigierend interveniert wegen des äußerst großen Unrechts, das das Leben von Donald S. Drusky zerstört hat."

Dem Pressebericht zufolge hatte „der Bezirksrichter Norman Mordue das Verfahren eingestellt. Mordue begründete seinen Schritt mit der Tatsache, dass die Klage, in der auch die ehemaligen amerikanischen Präsidenten Ronald Reagan und George Bush, die großen Fernsehsender, alle 50 Bundesstaaten, jeder einzelne amerikanische Bürger, alle Bundesrichter und die Abgeordneten des 100. bis zum 105. Kongress als Angeklagte genannt wurden, unbegründet sei."

So lächerlich das für vernünftige Menschen auch klingen mag, so unterscheidet sich die von Drusky losgetretene Hetze nur geringfügig von dem, was ich heutzutage viele Menschen sagen höre. Wenn ich die Briefe und E-Mails lese, die viele Menschen an unser Werk schicken, und zuhöre, wenn mir Leute ihre Geschichte erzählen, taucht immer wieder der gleiche Satz auf: „Ich bin wütend."

„Ich bin wütend auf meinen Mann."

„Ich bin wütend auf meine Kinder."

„Ich bin wütend auf meine Eltern."

„Ich bin wütend auf meinen Pastor."

Und manchmal, nachdem sie sich durch alle diese Schichten durchgearbeitet haben, höre ich, wie sie zum Kern des Problems vordringen:

„Ich bin wütend auf Gott."

Sogar tiefgläubige Menschen wie Gracia Burnham fühlen sich manchmal dazu hingerissen, ihren Groll gegen Gott zu richten. Vielleicht haben Sie es im letzten Kapitel bemerkt. Bei der Aufzählung der vielen Ursachen für ihre Notlage, als sie auf den Philippinen in Geiselhaft war, griff sie einzelne Menschen heraus. Sie nannte Namen. Sie sah Gesichter vor sich. Dann deutete sie auf ein Gesicht, das sie nicht sehen konnte, dem sie aber zumindest teilweise die Verantwortung für ihr Leiden gab:

Gott.

In dem Auszug aus ihrem Zeugnis kam es zur Sprache. „Ich gab sogar Gott die Schuld, denn ... hält er nicht alles in seiner Hand?"

Wenn er wirklich allmächtig ist, hätte er das doch verhindern können. Wenn er tatsächlich ein liebender Gott ist, hätte er mein Herz bewahren und mir diesen Schmerz ersparen können. Aber das hat er nicht getan. Er hat sich abgewendet und das alles zugelassen. Wie kann ich so einem Gott noch vertrauen – einem Gott, der so etwas in meinem Leben geduldet hat?

Haben Sie schon einmal solche oder ähnliche Worte geäußert – oder zumindest gedacht? Sind Sie auch schon an einen Punkt gelangt, an dem es Ihnen nicht mehr reicht, wütend zu sein auf den Menschen, der Ihnen Unrecht getan hat? Wenden Sie sich bei Ihrer Suche nach Antworten und einer Erklärung stattdessen dem Himmel zu und lassen Ihre Wut an Gott aus, weil er Sie so schlecht behandelt? Vielleicht ist es aber nicht ganz so drastisch und Ihr Groll ist eher nebulös und unterschwellig.

Sind derartige Gefühle und Vorwürfe überhaupt berechtigt? Duldet Gott derartige Widerreden von seinen

Geschöpfen? Erlaubt uns unsere Beziehung zu ihm eine so deutliche Ausdrucksweise?

Haben wir überhaupt ein Recht darauf, auf Gott wütend zu sein?

Eine Welt bricht zusammen

Bill Elliff und seine Frau Holly sind langjährige Freunde von mir. Er hat erst als Erwachsener erlebt, wie weh es tut, wenn man sich von einem Elternteil verraten fühlt. Bis dahin hätte er Ihnen erzählen können, dass sich seine Kindheit in einer beinahe klischeehaft heilen Welt abgespielt hat. Seine Eltern sprachen nicht nur über Liebe und Hingabe, sondern lebten beides aus. Der Dienst seines Vaters als Pastor und Leiter einer christlichen Gemeinde war geprägt von Ehrlichkeit und Aufrichtigkeit. Das gemeinsame Engagement des Elternpaares war von echter Freude und Dankbarkeit erfüllt und es wirkte ansteckend. Alle drei Söhne wurden ebenfalls Pastoren und die Tochter heiratete einen Prediger.

Haben wir überhaupt ein Recht darauf, auf Gott wütend zu sein?

Bill hatte seine theologische Ausbildung bereits hinter sich und folgte seiner Berufung. Manchmal dachte er darüber nach, wie groß die Güte Gottes in seinem Leben war. Er war dankbar, dass er und seine Familie im Vergleich zu anderen so wenig Schmerz und Leid erfahren hatten.

Zu diesem Zeitpunkt hatte sein Vater sich aus seinem Predigtdienst zurückgezogen und diente mit seinem Wissen und seiner Erfahrung einer Vielzahl von Gemeinden. Als er schließlich das Rentenalter erreichte, hatte er alle seine Ziele und noch weitaus mehr erreicht. Er blickte auf ein erfülltes Leben zurück, und vor ihm lagen goldene Jahre eines Lebensabends, den er gemeinsam mit seiner Jugendliebe verbringen würde, der Frau, der er über vier Jahrzehnte lang treu gewesen war.

Dann auf einmal brach alles in sich zusammen.

Bills Vater hatte es dem unbarmherzigen Handeln eines Kollegen zu verdanken, dass ihm eine letzte, wichtige Aufgabe, die er sich von Herzen gewünscht hatte, versagt geblieben war. Statt sich von Gott die Kraft schenken zu lassen, um mit dieser Enttäuschung fertig zu werden, gab er in seinem Herzen Bitterkeit und Unversöhnlichkeit Raum. In diesem Zustand begann er mit dem Seelsorgedienst an einer Frau, die große Eheprobleme hatte.

Und dann geschah es: Dieser Mann, von dem man so etwas niemals erwartet hätte, ließ sich auf eine sexuelle Beziehung ein. Natürlich wusste Bill zunächst nichts davon. Aber nach und nach verbreiteten sich Gerüchte über die Affäre seines Vaters. Anfängliche Zweifel verwandelten sich in Tatsachen, die man nicht mehr leugnen konnte. Beweise widerlegten hartnäckiges Leugnen. Endlich wollten sie sich der bitteren Wahrheit stellen. Bills Geschwister tauchten überraschend bei ihren Eltern auf, stellten noch immer zweifelnd die unvermeidliche Frage und erfuhren die schmerzliche Wahrheit.

Und so begann ein jahrelanges Auf und Ab der sich widersprechenden Gefühle. Da war die von allen geschätzte

Ehefrau und Mutter, die auf eine äußerst schmerzliche Weise mit diesem beschämenden Akt der Untreue und der Zurückweisung zu kämpfen hatte. Aber auch als ihr Mann sprunghaft und unberechenbar wurde, war sie fest entschlossen, in dieser Sache nach dem Willen Gottes zu handeln. Natürlich war ihr ein großes Unrecht angetan worden, an dem sie keine Schuld trug. Und doch wollte sie sich in dieser Situation von Gott trösten lassen. Sie entschloss sich, ihrem Mann zu vergeben.

Bill jedoch stellten sich Fragen, auf die er keine Antwort hatte. Alles, was er bisher gewusst oder geglaubt hatte – über das Leben, über seinen Vater, über seine Berufung als Pastor, über Gott – war plötzlich infrage gestellt worden.

„Warum hat Gott so etwas zugelassen? Haben wir als Familie nicht versucht, ihm treu zu dienen? Warum erhört Gott nicht unsere Gebete, und zwar jetzt sofort? Wie kann ein liebender Gott seine Kinder so sehr leiden lassen? Hält Gott nun immer seine Versprechen oder nicht?"

Eines Tages, mitten in dieser endlos erscheinenden Feuerprobe, kam Bills Mutter vom Einkaufen zurück in eine leere Wohnung. Auf dem Tisch fand sie einen sorgfältig platzierten Brief. So weit war es nun also gekommen: zu der letzten, erbärmlichen Erklärung für einen passenden Abschluss. Wie die letzte Seite eines Romans, von dem man noch immer gehofft hatte, dass alles doch noch ein gutes Ende nehmen würde, war dieses eine Stück Papier der traurige, stille Ausdruck dessen, was alle befürchtet hatten.

Bills Vater war fortgegangen, zu der anderen Frau. Und er wollte nicht mehr zurückkommen.

Im weiteren Verlauf dieses Kapitels kommen wir noch einmal auf Bills Geschichte zurück. Aber ich möchte an dieser Stelle innehalten und dieser natürlichen Reaktion auf Schmerz und Leid noch ein wenig nachgehen, dieser Neigung, wütend und ärgerlich auf Gott zu sein, wenn wir von anderen Menschen verletzt werden.

Ich bin zu dem Schluss gekommen, dass sich bis zu einem gewissen Grad alle Bitterkeit letztendlich gegen Gott richtet. Vielleicht ist sie verhüllt von Wut auf eine bestimmte Person oder eine Gruppe von Menschen, die uns Unrecht getan haben, aber in Wirklichkeit reicht diese Wut weit über diese Ebene hinaus.

Wir alle tragen offenbar das Wissen in uns, dass die Macht Gottes groß genug ist, unsere Probleme zu lösen – wenn er es will.

Wenn sich also verletzte Gefühle in Bitterkeit verwandeln, wenn Unversöhnlichkeit einen Nährboden findet, um ein Eigenleben zu entwickeln, dann stört uns die Vorstellung von einem mächtigen Gott, der wohl nicht genug Interesse an uns hat, um in unserer Situation das Blatt zu wenden. Dieser Gedanke steht im Widerspruch zu allem, was man uns über seine Güte und Fairness erzählt hat, zu dem Bild von einem gerechten Gott, der am Ende immer für einen Ausgleich sorgt.

Wir meinen sogar, solche Gefühle seien erlaubt, wenn wir die pathetischen Ausrufe und Gebete in den Psalmen lesen. Sie brauchen noch nicht einmal eine Konkordanz, um sie ausfindig zu machen. Die leidenschaftlichen Gefühle springen uns auf fast jeder Seite förmlich entgegen.

Bis wann, HERR? Willst du für immer mich vergessen? Bis wann willst du dein Angesicht vor mir verbergen? ... Bis wann soll sich mein Feind über mich erheben?
Psalm 13,2–3

All das ist über uns gekommen, und doch haben wir dich nicht vergessen, den Bund mit dir nicht verraten. Unser Herz wich nicht von dir ab, unser Schritt hat deinen Pfad nicht verlassen. Doch du hast uns zu Boden geschlagen, wir hausen wie Schakale in Trümmern, bedeckt mit dem Schatten des Todes. ... Erwache doch! Warum schläfst du, Herr? Wach auf! Verstoß uns nicht für immer! Warum wendest du dich ab, vergisst unsere Not und Bedrängnis?
Psalm 44,18–20.24–25 (NeÜ)

Auch Hiob streifte gelegentlich die Samthandschuhe ab, wenn er sich mit der scheinbaren Ungerechtigkeit Gottes auseinandersetzte:

Doch zum Allmächtigen will ich reden, mit Gott zu streiten ist mein Wunsch! ... Warum verbirgst du dein Gesicht, behandelst mich wie deinen Feind?
Hiob 13,3.24 (NeÜ)

Wie weit dürfen wir gehen?

Können wir offen und ehrlich mit Gott reden?

Natürlich. Sind wir nicht dazu aufgefordert, einen gerechten Zorn auf die Sünde zu empfinden, auch auf

Unrecht, das andere an uns begangen haben? Ja, natürlich.

Aber es gibt einen Punkt, an dem wir mit unseren ehrlichen Fragen an Gott eine Grenze überschreiten und unser Stolz sichtbar wird, unsere Auflehnung gegen ihn, unsere fordernde Haltung.

Das Wort Gottes warnt uns davor, sogar in unserem gerechten Zorn zu sündigen: „Regt euch auf und zittert, doch sündigt ja nicht dabei!“ (Psalm 4,5; NeÜ). Stattdessen ermahnt uns der Psalmist zur Besinnung: „Auf eurem Lager denkt still nach und schweigt! Bringt ehrliche Opfer und vertraut auf Jahwe!“ (Verse 5–6).

Gott ist Gott. Wir nicht.

Das ist die Grundlage unserer Beziehung zu ihm. Darüber hinaus gilt, dass Gott Sie liebt und als wertvoll betrachtet und mitten in Ihrer schrecklichen Situation handelt – auf eine Art, die nur schwer vorstellbar ist, selbst wenn er es mit Wolken und Rauch an dem Himmel schreiben würde.

In seiner unergründlichen Weisheit und Liebe kann er sogar die schlimmsten Umstände Ihres Lebens in dieser von Sünde geprägten Welt benutzen, um Sie zu formen und zu läutern, Sie zu einem produktiven Werkzeug in seiner Hand zu machen, damit Sie Frucht bringen und um seine Gnade und Herrlichkeit zu zeigen. Ich weiß, das ist schwer zu glauben. Vielleicht wissen Sie nicht, wie Sie mit diesem Schmerz weiterleben sollen – eine weitere Woche, einen weiteren Tag, noch eine weitere Stunde.

Aber meiner Meinung nach entsteht entfesselte Wut auf Gott aus einer falschen Sichtweise über ihn, aus der Vorstellung, dass er Sie leichtfertig ignoriert, dass es ihn nicht die Spur interessiert, was Sie gerade durchmachen.

Die Wahrheit sieht jedoch anders aus. Er macht Ihren Schmerz gemeinsam mit Ihnen und für Sie durch. Ich lese sehr gern den Vers im Buch Jesaja, der so einfühlsam das Handeln Gottes an Israel schildert (obwohl das Volk die Folgen seiner eigenen sündhaften Entscheidungen tragen musste): „Bei all ihrer Bedrängnis war er auch bedrängt" (Jesaja 63,9; Schla 2000).

Und genauso leidet er mit Ihnen.

Er ist bei Ihnen – mitten in Ihrem Schmerz. Er hilft Ihnen. Er liebt Sie. Er kennt Ihre verletzten Gefühle. Er zieht Sie zurück in seine Arme, näher an sein Herz, damit Sie sich mehr auf seine Gnade und seine Macht verlassen.

Wenn Sie ihn besser kennen und Ihm vertrauen, dann können auch Sie Ihr Kreuz auf sich nehmen, so wie Jesus es in den düsteren Schatten des Gartens Gethsemane bereits auf sich genommen hat.

Dann können auch Sie unter Tränen sagen: „Nicht mein, sondern dein Wille geschehe."

Fragen nach dem Warum

Ruts Schwiegermutter Noomi ist ein klassisches biblisches Beispiel für dieses Dilemma.

Haben Sie schon erlebt, dass Ihr Ehepartner/Ihre Ehepartnerin eine äußerst unkluge Entscheidung getroffen hat, sich aber im Laufe der Zeit herausstellte, dass schließlich *Sie* die schlimmsten Folgen zu tragen hatten?

Haben Sie schon einmal den höheren Preis für den Fehler einer anderen Person zahlen müssen?

Dann können Sie nachempfinden, wie der Nährboden für die Bitterkeit im Leben von Noomi entstanden ist.

Während einer Hungersnot in ihrer Heimatstadt Bethlehem traf ihr Mann eine kurzsichtige Entscheidung. Die Familie sollte „für einige Zeit" (s. Anmerkung zu Rut 1,1 in der Ryrie Studienbibel; Anm. d. Verlags) in Moab wohnen, bis die Krise überstanden wäre. Diese Zeit zog sich leider in die Länge; es wurden viele Jahre daraus. Bevor sie wie geplant nach Hause zurückkehren konnten, starb Noomis Mann Elimelech.

Dass ihre beiden Söhne Frauen aus Moab heirateten, trieb ihre unerwünschten Wurzeln tiefer in den Boden des Heidenlandes, was dazu führte, dass Noomis Rückkehr in noch weitere Ferne rückte. In den nächsten Jahren traf sie eine Tragödie nach der anderen. Ihre beiden Söhne starben und ließen ihre jungen Frauen als Witwen zurück.

Noomi hatte nun keine Familie mehr.

In der bekannten Geschichte ihrer Rückkehr nach Bethlehem in Begleitung ihrer Schwiegertochter Rut berichtet die Bibel von der Reaktion der Menschen in ihrer Heimatstadt auf die Frau, die mit ihrem Mann weggegangen war, um die Fülle zu suchen, jedoch ärmer zurückkehrte. Sie war nicht nur körperlich, sondern auch seelisch leer.

„Ist das nicht Noomi?", fragten die Bürger der Stadt. War das dieselbe Frau, die damals so freundlich und glücklich gewesen war, so lebensfroh und zufrieden mit ihrem Leben als Ehefrau und Mutter ... bevor ihr Mann sie aus ihrer vertrauten Umgebung herausriss, nur weil er diesen törichten Plan verfolgte, der die Probleme seiner Familie lösen sollte? Es ist im Grunde genommen unwichtig, welche Rolle Noomi bei diesen Auswanderungsplänen gespielt hatte. Jetzt glaubte sie, dass die unkluge Entscheidung ihres Mannes sie in den Ruin getrieben hatte. Für sie war das Leben zu Ende.

„Nennt mich nicht mehr Noomi, die Liebliche, nennt mich Mara, die Bittere, denn der Allmächtige hat es mir sehr bitter gemacht. Voll bin ich losgezogen und leer hat Jahwe mich zurückkehren lassen. Warum nennt ihr mich noch Noomi? Jahwe hat sich gegen mich gewandt, der Allmächtige hat mir übel mitgespielt" (Rut 1,20–21; NeÜ).

Merken Sie, wem hier die Schuld an Noomis schlimmer Lage gegeben wird? Noomi und Elimelech hatten eine Entscheidung getroffen. Wenn alles gut gegangen wäre, hätten sie sich wahrscheinlich, stolz über ihre Schläue und weil sie die Elemente überlistet hatten, gegenseitig auf die Schulter geklopft.

Aber es war *nicht* gut gegangen. Und jetzt musste Gott dafür herhalten.

Kennen Sie das? Waren Sie selbst schon einmal das Opfer Ihrer eigenen Fehlentscheidungen oder der Fehler, die andere gemacht haben? Sind Sie daraufhin auf Gott wütend geworden, weil er diesen Schicksalsschlag zugelassen hat, ohne Sie vorher zu warnen, ohne Ihnen aus der Klemme zu helfen, ohne einzugreifen, bevor es zu spät war, anstatt selbst die Verantwortung zu übernehmen oder Vergebung an denjenigen zu üben, die Sie in die Irre geführt oder schlecht behandelt haben?

Manche Christen würden an diesem Punkt sagen, dass wir Gott „vergeben“ müssten, als ob er auf Abwege geraten wäre und dafür Vergebung brauchen würde. *Wir sollen Gott vergeben?* Denken Sie mal darüber nach. Selbst wenn dieser Vorschlag von jemandem kommt, der es ehrlich meint, grenzt allein der Gedanke an Blasphemie. Wenn wir denken, wir hätten solch eine Macht über den gerechten, souveränen Gott, verunglimpfen wir seinen Namen und erhöhen unsere eigene Bedeutung.

Nein, Gott braucht keine Vergebung von uns. Er macht keine Fehler. Sogar wenn Sie sich von ihm ungerecht behandelt fühlen, kann sich herausstellen, dass diese scheinbare Ungerechtigkeit das Beste ist, was Ihnen jemals passieren konnte. Zumindest kann unser himmlischer Vater in seiner vollkommenen Weisheit und Gnade ein solches Unrecht umwandeln, damit es zu Ihrem Guten dient, zu seiner Ehre und zur Förderung seines ewigen Reiches.

Deshalb möchte ich Sie bitten, auf Gott zu blicken: Hier ist jemand, der einen tiefer gehenden, liebevolleren Plan für Ihr Leben hat, als Sie es sich selbst ausdenken könnten, auch mitten in einer schmerzlichen Krise. Wenn Sie sich entschließen, sich ihm in dieser Prüfung Ihres Glaubens voll und ganz anzuvertrauen, dann werden seine Gegenwart und Güte für Sie ausreichen. Er kann Ihre Enttäuschung, Ihren Kummer, Ihre schweren Lebensumstände dazu benutzen, Sie zu formen, zu prägen und seine heiligen, ewigen Ziele für Ihr Leben zu verwirklichen.

Die Alternative, nämlich Wut auf Gott, bewirkt nichts weiter, als alles noch schlimmer zu machen und Ihren Heilungsprozess zu verzögern.

Wie ist es bei Ihnen?

Noomi hatte das nicht verstanden. Das Wort, das sie bei ihrem Gefühlsausbruch für „Gott" verwendete, nämlich *El Shaddai*, „der Allmächtige", betonte sogar die Tiefen ihrer Wut und Ernüchterung. Klar nennt ihr lieben Leute ihn den Allmächtigen, den All-Genügsamen, den Herrn. Mit diesen wohlklingenden Namen macht ihr euch doch bloß was vor. Aber das kann mir nicht mehr passieren. In meinem Leben hat er seinem Namen keine Ehre gemacht.

Eine gute Bekannte berichtete mir von einem Gespräch mit ihrer Schwester, die in ihrem Leben einige schlimme Verluste hinnehmen musste und die fast die gleichen Worte verwendete wie Noomi. Sie bekennt sich zwar zum christlichen Glauben, meint aber, dass Gott sich von ihr abgewendet habe, weil er so ganz anders sei, als sie immer gedacht hätte. Also führt sie ihr eigenes Leben ohne Gott. Sie trifft Entscheidungen, die in deutlichem Widerspruch zu seinem Wort stehen. Auch wenn sie es nicht zugeben will, richten sich ihre Wut und Bitterkeit gegen Gott.

Und wie ist es bei Ihnen? Meinen Sie, Gott habe in Ihrem Leben seinem Namen keine Ehre gemacht? Kommt es Ihnen so vor, als hätte er in den Sonntagspredigten und im Gottesdienst ein anderes Gesicht als dann, wenn Sie ihn am meisten brauchen?

Hören Sie sich einmal genau zu. Was sagen Sie über Gott? Welchen Eindruck von Gott vermitteln Sie anderen Menschen, wenn diese beobachten, wie Sie leben?

Alles, was Noomi tun konnte, war, davon zu reden, was Gott ihr Schreckliches angetan hatte. Was für ein Bild von Gott bekommen andere, wenn *Sie* seinen

Namen aussprechen oder seinen Charakter beschreiben oder wenn sie Sie über die schwierigen Umstände in Ihrem Leben reden hören?

Ich war tief bewegt von dem Brief, den Pastor John Piper an seine vielen Leser, Hörer und Freunde geschickt hatte, nachdem bei ihm Prostatakrebs diagnostiziert wurde.[1] Sogar ein so fest in der Bibel gegründeter und glaubensstarker Mann wie er reagiert auf eine solche Diagnose nicht automatisch mit Anstand und Gottvertrauen.

Aber seine Reaktion entsprach seinem Glauben. Seine Worte beflügelten mich wie der Ruf Gottes aus der unermesslich großen Zeitspanne Ewigkeit, weil sie uns daran erinnern, in diesen wenigen Jahren unserer Lebenszeit hier auf der Erde durchzuhalten. Denn wir dürfen wissen, dass unser Vater im Himmel alle Dinge zum Guten lenkt.

Nachdem er die Leser über seine Diagnose informierte, schrieb Dr. Piper:

Diese Nachricht ist natürlich gut für mich. [Dieser Satz ließ mich innehalten. „... gut für mich"? War das vielleicht ein Schreibfehler? Nein. Bitte lesen Sie weiter.] *Die gefährlichste Sache in der Welt ist die Sünde der Eigenständigkeit und der Rausch der Weltliebe. Die Nachricht, dass ich Krebs habe, hat eine wunderbare Sprengkraft auf beides. Ich danke Gott dafür. Die Zeiten der Gemeinschaft mit Jesus Christus sind in diesen Tagen ungewöhnlich kostbar ... Gott hat diese Prüfung zu meinem und zu Ihrem Besten geplant. ... Deshalb bete ich: „Herr, um deiner großen Herrlichkeit willen, lasse nicht zu, dass ich die heiligende Wirkung verpasse, die du in dieser Erfahrung für mich vorgesehen hast."*

Als ich diese Worte las, dachte ich: „Dieser Mann glaubt tatsächlich das, was er predigt! Und er lebt diesen Glauben aus, auch im Feuerofen der Prüfung."

Die Sichtweise von Noomi war ganz anders.

Natürlich hatte sie viel Leid erlebt. Sie musste vieles ertragen, obwohl sie wahrscheinlich keine Schuld daran hatte. Aber sie suchte ihre Zuflucht nicht bei Gott, sondern begegnete ihm mit Bitterkeit. Und die quoll ihr förmlich aus jeder Pore.

Dabei muss ich an den vorher zitierten Text aus dem Hebräerbrief denken, an die „bittere Wurzel", die zur „Giftpflanze wird, durch die dann viele von euch zu Schaden kommen" (Hebräer 12,15; NeÜ).

Ich beobachte immer wieder, welchen Schaden diese „Noomis" anrichten können – in einer Ehe, in einer Gemeinde, am Arbeitsplatz, in einer christlichen Einrichtung, in einer Freundschaft, in einer Familie. Ihre Bitterkeit, ihre Wut auf Gott und auf Mitmenschen wirken wie ein Gift, obwohl sie sich ihrer Verbitterung und ihrer Wirkung auf andere oft gar nicht bewusst sind. Bei ihrem Versuch, ihre Wunden zu lindern, oder bei ihrer Suche nach Mitgefühl und Verständnis vergiften sie das Umfeld, in dem sie leben.

Unsere Wut auf Gott wird schließlich zu einem Gift, das sich weit über unser eigenes Herz hinaus verbreitet, genauso wie das bei Noomi der Fall war. Auch wenn wir diese Wut fest in unserem Herzen verschließen, können wir sie nicht für uns behalten. Glauben Sie mir: Man kann sie sehen.

Unerfüllte Sehnsüchte

Vielleicht liegt die Ursache Ihrer Wut auf Gott darin, dass er Ihnen einen bestimmten Traum nicht erfüllt hat. Das kann eine Beförderung sein, die dann schließlich eine Kollegin bekommen hat, die weniger geleistet hat als Sie. Das kann auch ein finanzieller Rückschlag sein, durch den Sie gezwungen sind, Ihren bisher gewohnten Lebensstandard herunterzuschrauben. Vielleicht kommt Ihre Wut auf Gott auch daher, dass Sie als Single in einer Welt voller Ehepaare leben müssen. Auch Kinderlosigkeit kann eine Ursache für Wut auf Gott sein. Warum sollte Gott uns auf diese Art verhöhnen, an einer so empfindlichen Stelle in unserem Herzen und Leben? Und doch müssen wir lernen, das anzunehmen, was wir von ihm bekommen – oder auch nicht bekommen. Wir müssen lernen, uns vor seiner Souveränität zu beugen.

Die Entscheidung liegt bei uns. Wir können Gott die Schuld geben und mit ihm hadern, weil er so unberechenbar und grausam ist. Wir können uns beklagen und mit dem Kopf durch die Wand rennen. Oder aber wir vertrauen Gott und gehen davon aus, dass er weiß, was er tut. Er wirkt an uns, um uns zu läutern und uns vorzubereiten, damit wir ihm noch besser dienen können. Er engagiert einen seiner besten Lehrmeister, nämlich die Zeit, damit wir unseren Blick schärfen und erweitern.

In Jesaja 26,3 wird diese unbeirrte Haltung erwähnt, die harte Arbeit, die wir leisten müssen, um dem Herrn zu vertrauen, auch wenn wir seine Wege nicht erkennen oder verstehen, auch wenn wir lernen müssen, uns mit etwas Unerklärlichem zufrieden zu geben.

Verkehrspiloten werden geschult, die Instrumente im Cockpit abzufragen – und ihnen zu vertrauen. Wenn sie mit ihrem Flugzeug in einen Sturm geraten oder in eine Situation mit extrem schlechter Sicht, können sie leicht die Orientierung verlieren. Dann wissen sie unter Umständen nicht mehr, in welche Richtung sie fliegen sollen, und sie treffen Entscheidungen, die Menschenleben gefährden könnten. In solchen Situationen müssen sie sich ganz bewusst entschließen, ihren Instrumenten mehr zu vertrauen als ihrem Instinkt oder ihren Gefühlen.

Für uns als Kinder Gottes ist sein Wort unsere Instrumententafel. In unserem Leben gibt es Situationen, in denen wir uns wie in einem undurchdringlichen Nebel fühlen, in denen auf unsere Gefühle kein Verlass ist, weil sie sich im Widerspruch zum Wort Gottes befinden und wir meinen, Gott würde sich nicht um uns kümmern oder er hätte einen Fehler gemacht. An einem solchen Punkt sollten wir uns nicht auf unsere Gefühle verlassen, sondern uns bewusst dazu entschließen, unser Vertrauen auf unsere „Instrumententafel" zu setzen.

Wir Menschen werden von Geburt an von unseren Gefühlen beherrscht. Für uns als gläubige Christen gilt jedoch: „Ihr aber habt Christus nicht so kennengelernt" (Epheser 4,20). Unsere Umwandlung in eine neue Schöpfung bedeutet auch, dass unsere Gefühle in unserem Inneren nicht mehr den Platz des Piloten im Cockpit übernehmen.

Hier trennen sich auch die Wege zwischen Christen und Nichtchristen. Es ist kein Wunder, wenn ein ungläubiger Mensch wütend auf Gott wird, wenn er sich vom Leben falsch behandelt fühlt. Sein Gefühlsleben kennt keine objektive „Instrumententafel", die ihm eine andere Richtung weisen könnte.

Aber weil wir als Christen erlöste Menschen sind, die von Gott Vergebung erfahren haben, bekommen wir von ihm die Kraft, unsere glühende Wut, unseren menschlich verständlichen Zorn regulieren zu lassen von einem legitimen Vertrauen auf die liebevollen, ewigen Absichten Gottes für unser Leben.

Je länger ich unter der liebevollen Fürsorge Gottes lebe, desto eher bin ich bereit, ihm zu vertrauen, wenn es um meine unerfüllten Sehnsüchte und die ungelösten Rätsel des Lebens geht. Ich kann ihn mit mehr Freude lieben und anbeten, und ich kann zufrieden sein mit dem, was er mir schenkt. Und ich habe mehr Geduld, während ich auf jenen Tag warte, an dem der Glaube zum Schauen wird und an dem alles, was ich in meiner menschlichen Begrenzung nicht verstehe, plötzlich klar wird.

Je länger ich unter der liebevollen Fürsorge Gottes lebe, desto eher bin ich bereit, ihm zu vertrauen, wenn es um die ungelösten Rätsel des Lebens geht.

Menschlich gesprochen hatte Bill Elliffs Mutter allen Grund, eine bittere Wurzel in ihrem Herzen wachsen zu lassen, nachdem ihr Mann ihr ein so großes Unrecht angetan hatte. Und dann, um das Maß ihres Leides noch voll zu machen, erkrankte sie – nur ein Jahr, nachdem ihr Mann sie verlassen hatte – an Alzheimer. Sie hätte also noch einen weiteren Grund gehabt, auf Gott wütend zu sein.

Ich kann mir nicht vorstellen, wie dieses Jahr für sie gewesen sein muss (vielleicht können Sie es). Aber ich kann mir denken, dass es ihr jetzt noch leichter hätte fallen können, verbittert zu sein über die Folgen, die das herzlose Verhalten ihres Mannes nach sich zog. Sie musste den allmählichen, erschreckenden Verlust ihrer geistigen und körperlichen Fähigkeiten ertragen, ohne dass ein liebevoller Ehemann ihr zur Seite stand, sie auffing, wenn sie fiel, ihr über peinliche Situationen hinweghalf, sie unterstützte, damit ihr zunehmender Verfall in ihrem Umfeld nicht so offensichtlich wurde.

Ihren Mann hatte sie verloren. Als Nächstes verlor sie ihre Gesundheit. Was blieb ihr jetzt noch, um Gott zu vertrauen?

Eines Tages schloss Bill die Tür der nahe gelegenen Wohnung auf, die die Famlie für sie gemietet hatte, damit Bill und seine Schwester regelmäßig nach ihr sehen konnten. Es war ruhig. Zu ruhig. Als er in das Zimmer seiner Mutter kam, wusste er, warum.

Seine Mutter war bewusstlos. Er nahm sie auf seine Arme und fuhr sie im Eiltempo in das am nächsten gelegene Krankenhaus, wo eine Hirnblutung festgestellt wurde. Am Spätnachmittag fiel sie in ein Koma. Die Ärzte befürchteten, dass sie das Wochenende nicht überleben würde.

Doch eine Woche später wachte sie plötzlich und unerwartet aus dem Koma auf und stammelte unverständliche Worte. Bill und seine Schwester bemühten sich, zu erfassen, was sie sagte, doch nur ein Wort war deutlich zu verstehen, und das wiederholte sie gleich drei Mal:

Vergeben ... vergeben ... vergeben.

Am nächsten Tag war die ganze Familie um ihr Bett herum versammelt, sang, betete, las aus der Bibel vor oder sprach mit der Mutter über vergangene Zeiten. Diese wusste, dass sie im Sterben lag. Da klingelte das Telefon.

Es war Bills Vater.

Die Kinder hielten den Hörer an das Ohr ihrer Mutter. Sie hörten zu, als sie mit großer Anstrengung Worte der Vergebung und der Liebe aussprach als Abschiedsgruß für diesen Mann, der sie so sehr verletzt hatte, aber ihr das Vertrauen zu einem gnädigen, gütigen Gott nicht hatte nehmen können. Am nächsten Morgen konnte sie in einem kurzen Augenblick der Klarheit ihren Gefühlen Ausdruck verleihen. Sie sagte zu ihrem Sohn: „Billy, ist es nicht schön, dass dein Vater angerufen hat? Wir haben doch dafür gebetet, dass er zum Herrn zurückkehrt!"

Am Abend fiel erneut der dunkle Vorhang der Bewusstlosigkeit über sie. In den nächsten fünf Wochen lag sie in einem Koma, aus dem sie nicht mehr erwachen sollte. Ein paar Tage vor ihrer Heimkehr zum Herrn versammelte sich noch einmal die ganze Familie um ihr Bett – ihre Söhne, ihre Tochter, die Schwiegertöchter, der Schwiegersohn, ihre Enkel ...

... und ihr Mann.

Bills Mutter hatte schon ziemlich früh in dieser Zeit der Prüfung erkannt, dass sie und ihr langjähriger Ehepartner nie wieder zusammenfinden würden. Das Leben, das sie kannte, war endgültig vorbei. Aber als sie mit ihren Gefühlen und den unerträglichen Auswirkungen dieses unerwarteten, im vorgerückten Alter erlittenen Traumas zu kämpfen hatte, gelangte sie an einen Punkt, an dem sie alles in die Hände Gottes legte und sagte: „Vater, ich will nur dir die Ehre geben."

Sie hätte wütend sein können. Das wäre in ihrer Situation nur natürlich gewesen.

Sie hätte Gott aus ihrem Leben ausschließen und denken können, dass es ja doch keinen Zweck hat, sein Angebot in Anspruch zu nehmen. Vielleicht hätten manche Personen aus ihrem Freundeskreis dem sogar zugestimmt.

Stattdessen überließ sie sich ganz den Plänen Gottes, und sie konnte noch miterleben, wie sie sich erfüllten.

Wie ist es bei Ihnen? Befinden Sie sich in einer ähnlich tückischen und haltlosen Situation wie Bill, seine Geschwister und seine Mutter? Wollen Sie Ihre Wut auf Gott mit zusammengebissenen Zähnen herausschreien und mit den Fäusten an die Türen des Himmels trommeln, weil diese für Sie verschlossen zu sein scheinen?

> Er kennt Ihr Herz. Er lässt Sie nicht allein.

Hören Sie die Frage, die Gott zwei Mal seinem aufgebrachten Propheten

Jona gestellt hat: „Ist es recht, dass du zornig bist?“ (Jona 4,4.9).

Er kennt Ihr Herz. Er lässt Sie nicht allein. Wenn Sie Ihr Vertrauen in seine souveräne Weisheit, Güte und Liebe setzen, dann erleben Sie vielleicht auch eines Tages, wie Gott Ihre Gebete erhört.

Aber auch wenn das nicht geschehen sollte, sind Sie in seinem Willen und seinen Händen geborgen. Diesen heiligen Ort erreichen nur diejenigen, die ihm voll und ganz vertrauen und das auch dann noch tun, wenn es um sie herum immer dunkler wird.

Zum Nachdenken

- Waren Sie schon einmal in einer Situation, in der Sie wegen verletzter Gefühle, einer Enttäuschung oder unerfüllten Sehnsucht die Güte, die Weisheit oder die Liebe Gottes infrage gestellt haben? Wie haben Sie sich verhalten?
- Was für ein Bild von Gott vermittelt Ihre typische Reaktion auf widrige Umstände anderen Menschen?
- „… meiner Meinung nach entsteht entfesselte Wut auf Gott aus einer falschen Sichtweise über ihn“ (S. 157). Welche Schritte können Sie unternehmen, um eine präzisere Sichtweise über Gott zu erhalten und Ihr Vertrauen zu ihm zu vertiefen?

Kapitel 7
Mythen und Wahrheiten über Vergebung

Der christliche Glaube nimmt die Sünde nicht leicht. …
Im Gegenteil, er nimmt die Sünden,
die an uns begangen wurden, sehr ernst.
Um sie aus der Welt zu schaffen,
hat Gott seinen eigenen Sohn geschickt,
um mehr Leid zu tragen, als wir jemandem für das
an uns begangene Unrecht jemals zufügen könnten.[1]
John Piper

Der Herr hat, so hoffe ich, bei der Lektüre dieses Buches an Ihrem Herzen gewirkt und Ihnen gezeigt, wie wichtig und notwendig Vergebung ist. Ich bete, dass Sie beim Rückblick auf bestimmte Situationen, in denen es Ihnen am schwersten gefallen ist, erlittenes Unrecht zu vergeben, nicht nur die Tiefen Ihrer Sünde erkennen, die Gott Ihnen um Jesu willen vergeben hat, sondern auch die Quelle der göttlichen Gnade, damit Sie an anderen Menschen Barmherzigkeit üben können.

Die Quelle ist da, und Gott ist da, wenn Sie sich für den Weg der Vergebung entscheiden.

Es ist natürlich denkbar, dass es für Sie noch immer zu schmerzlich und schwierig ist, diesen Weg zu gehen, obwohl Sie die entsprechenden Bibeltexte gelesen und sich mit den in diesem Buch dargelegten Gedanken auseinandergesetzt haben. Oder, wenn Sie ganz ehrlich sind, möchten Sie vielleicht lieber weiter Ihre Wunden lecken und Ihren Groll auskosten, anstatt das begangene Unrecht loszulassen. Sie sind jedenfalls einfach noch nicht bereit zu vergeben. Wenn das bei Ihnen der Fall ist, muss ich Ihnen gegenüber eine liebevolle, aber ernste Warnung aussprechen.

Selbst wenn der Grund für Ihre fehlende Bereitschaft, in dieser Angelegenheit Gott zu vertrauen und ihm zu gehorchen, vielmehr Erschöpfung und Selbstschutz als Verstocktheit ist, wird das Gift der Bitterkeit Ihr ganzes Leben verunreinigen. Vielleicht sind Sie sich nicht bewusst, welche schädliche Wirkung dieses Gift täglich hat, aber es verhindert, dass die Gnade Gottes in Ihr Leben hineinfließen kann. Satan wird diese Bitterkeit als Basis missbrauchen, um Sie zu übervorteilen, um anklagend mit dem Finger auf Sie zu zeigen und zu beweisen, dass Sie nicht so gläubig sind, wie Sie vorgeben zu sein – und dass Gott nicht so stark und liebevoll ist, wie Sie sich das von ihm wünschen.

Damit will ich das Unrecht, das Ihnen angetan wurde, nicht kleinreden. Aber Unversöhnlichkeit hat Ihnen einfach keinen Trost zu bieten. Sie hat keine heilende Wirkung und Sie kommen damit nicht weiter. Warum wollen Sie sich bei lebendigem Leib von Unversöhnlichkeit auffressen lassen, wenn die Kraft Gottes in Ihrer Reichweite liegt, bereit, Ihnen Erleichterung zu verschaffen?

Andererseits ist mir bewusst, dass viele Menschen, die wirklich den Weg der Vergebung gehen wollen, Mythen und Missverständnissen glauben, die ihre aufrichtigen Versuche im Keim ersticken. Sie wissen nicht, wie Vergebung aussehen, sich anfühlen und sein sollte, und so bleibt ihnen das Tor zur Freiheit verschlossen.

In diesem Kapitel befassen wir uns daher mit vier verbreiteten Mythen im Hinblick auf Vergebung, die wie Wahrheiten erscheinen. Es gibt natürlich noch mehr, aber diese sind die gängigsten und diejenigen, die die größte Verwirrung stiften. Wenn Sie einem oder mehreren dieser Fehlannahmen über Vergebung zum Opfer gefallen sind, dann wird sich im Licht des Wortes Gottes der Nebel lichten. Sie werden unter Gottes freiem Himmel Ihren Weg ziehen, mit hoch erhobenem Haupt und getragen von seiner fantastischen Kraft. Ihr Herz wird vor Dankbarkeit für die reichlich fließende Gnade Gottes in ihrem Leben schneller schlagen.

Das fühlt sich nicht nach Vergebung an!

Vielleicht haben Sie sich von dieser verbreiteten Annahme irreführen lassen: *1.) Vergebung und ein gutes Gefühl gehen immer Hand in Hand.*

Vielleicht haben Sie Gott von ganzem Herzen vertraut, dass er Ihnen hilft, dem Menschen zu vergeben, der Ihnen Unrecht getan hat. Sie haben ihm Ihr Herz ausgeschüttet, ihm alles in die Hände gelegt, auch das Recht, denjenigen zu bestrafen, der Sie so sehr verletzt hat. Aber dann klingelt das Telefon. Der oder die Betreffende hat Geburtstag. Es entsteht wieder eine Situation, in der sich Ähnliches abspielt.

Und die Gefühle gehen mit Ihnen durch – wieder einmal.

Deshalb kommen viele Leute zu der Schlussfolgerung: „Ich glaube, ich habe ihm nicht wirklich vergeben, denn wenn ich das getan hätte, dann würde ich mich doch nicht mehr so mies fühlen."

Aber Vergebung lässt sich nicht durch Gefühle beweisen, genauso wenig, wie sie durch unsere Gefühle angeregt oder bestärkt wird. Vergebung ist eine Entscheidung, Gefühle sind es häufig nicht. Es ist durchaus möglich, jemandem auf die richtige Art zu vergeben – auf die Art, wie Gott es will –, und trotzdem kommen Ihnen dabei Gedanken, die sich in totalem Widerspruch befinden zu der Entscheidung, die Sie getroffen haben.

Vergebung ist keine höhere Mathematik. Ihre Normen sind zwar oft schwer einzuhalten, aber sie sind im Prinzip ziemlich einfach, so wie sie uns in der Bibel dargelegt werden. Aber es handelt sich dabei nicht um eine exakte

Vergebung lässt sich nicht durch Gefühle beweisen.

Wissenschaft. Vergebung funktioniert nicht etwa wie das Einpflanzen von Tulpenzwiebeln: Man buddelt sie ein und kann sie dann vergessen, bis sie im Frühjahr in aller Schönheit aufgehen und sprießen. Statdessen geht das Leben weiter, wenn Sie jemandem vergeben haben, und manchmal, wenn Sie nicht aufpassen, melden sich alte Gefühle wieder. Sie liegen vor der Haustür und Sie müssen sich wieder neu mit ihnen auseinandersetzen; sie wurden ausgegraben und warten darauf, erneut eingebuddelt zu werden.

Das heißt jedoch nicht, dass Ihre Entscheidung, jemandem zu vergeben, nicht kraftvoll genug war. Sie bekommen bloß eine Gelegenheit, Ihre Gefühle von Gott beherrschen zu lassen und auf dem Weg der Vergebung zu bleiben – im Glauben.

Vergeben und vergessen?

Viele Leute leben auch nach diesem Mythos: 2.*) Vergeben bedeutet vergessen.* Sie verweisen dabei auf die biblischen Aussagen über die Art, wie Gott uns vergibt, wie er unsere Sünden entfernt, „so fern der Osten ist vom Westen" (Psalm 103,12).

Aber die Bibel sagt an keiner Stelle, dass Gott unsere Sünden vergisst. Denn wie kann ein Gott, der alles weiß, etwas vergessen? Stattdessen weist uns die Bibel darauf hin, dass er uns unsere Übertretungen nicht „zurechnete" (2. Korinther 5,19). Er hat beschlossen, nicht mehr an unsere Sünden zu denken (Hebräer 10,17), sie nicht mehr in Erinnerung zu rufen, uns nie mehr damit anzuklagen oder dafür zu verurteilen. Er hat für uns die stille Verheißung der Vergebung geschaffen.

Wenn Sie also ein Unrecht nicht *vergessen* können, heißt das nicht unbedingt, dass Sie es nicht *vergeben* haben.

Manchmal meinen wir, es wäre wunderbar, wenn wir den erlittenen Schmerz einfach vergessen könnten. Wie viel leichter würde es uns fallen, ein Unrecht zu vergeben, wenn wir uns nicht mit den vielen Erinnerungen herumschlagen müssten. Manchmal wünschen wir uns, dass Gott mit einem großen Radiergummi alle negativen Bilder aus unserer Vergangenheit auslöschen würde. Stimmt's?

Trotzdem bin ich mir nicht so sicher, ob das wirklich so gut wäre. Ich habe festgestellt, dass die schmerzlichsten Erinnerungen aus der Vergangenheit zu wirkungsvollen Gedächtnisstützen für die göttliche Gnade und Vergebung werden können, zu lebendigen Gedenksteinen der Barmherzigkeit Gottes in meinem Leben, zu Wegmarkierungen, die mich immer wieder daran erinnern, mich voll und ganz auf ihn zu verlassen.

Außerdem kann die Erinnerung an vergangenen Schmerz eine starke Basis für den Dienst an anderen Menschen sein, die unter dem Schmerz über ein Unrecht leiden.

Wenn wir uns nicht mehr daran erinnern könnten, wie es sich anfühlt, wenn unser Herz ungeschützt freiliegt, verletzt von den Schlägen der Sünde und des Unrechts, wie könnten wir dann den Schmerz

> Die Erinnerung an vergangenen Schmerz kann eine starke Basis für den Dienst an anderen Menschen sein, die unter dem Schmerz über ein Unrecht leiden.

nachempfinden, den unsere Mitmenschen erleiden? Wie könnten wir ihnen unser Mitgefühl entgegenbringen? Und wie könnten wir ihnen auf eine sinnvolle, verständliche Art den Trost in Gott anbieten, wenn wir uns nicht wenigstens bis zu einem gewissen Grad mit dem stechenden Schmerz des Leids identifizieren können?

Diese Erinnerungen machen uns bewusst, wie leicht ein Mensch von Wut verzehrt wird und in Verzweiflung versinken kann. Sie befähigen uns, unseren Mitmenschen in die Augen zu sehen und zu sagen: „Ich habe das auch erlebt. Ich weiß, wie das ist. Und ich kann nur eines sagen: Seine Gnade reicht auch für dich aus."

Die Bibel erinnert uns daran, dass erfahrenes Leid uns nicht nur ermöglicht, von Gott tiefen, umfassenden Trost zu empfangen, sondern dass es für uns eine Grundlage ist, diesen Trost an andere weiterzugeben:

Gepriesen sei der Gott und Vater unseres Herrn Jesus Christus, der Vater der Erbarmungen und Gott allen Trostes, der uns tröstet in all unserer Bedrängnis, damit wir die trösten können, die in allerlei Bedrängnis sind, durch den Trost, mit dem wir selbst von Gott getröstet werden.
2. Korinther 1,3–4

Diese Worte sind sehr wichtig, denn Vergebung ist weit mehr als bloß ein Weg, mit unseren eigenen Wunden und Verletzungen „fertigzuwerden". Die Barmherzigkeit und Gnade Gottes sowie die Lektionen, die wir auf dem Weg mit ihm lernen, sollen über unser eigenes Leben hinaus wirken und anderen Menschen zum Segen werden.

Denn das, was Gott in uns investiert, ist nicht nur für uns bestimmt.

Natürlich sollten wir Gott danken, dass er in seiner Barmherzigkeit manche Dinge für immer aus unserem Gedächtnis tilgt. Aber wir sollten ihm auch dankbar sein für die Erinnerungen, die er uns lässt, damit wir anderen Menschen helfen können, wenn er uns die Kraft dazu schenkt.

Wenn wir die Fähigkeit zum totalen Vergessen hätten, würden wir nur allzu leicht zu ichbezogenen, nutzlosen Kreaturen. Und tief in unserem Inneren wissen wir das auch.

Vergebung als Prozess

Es gibt einen Mythos, der viele Menschen daran hindert, die segensreiche Wirkung von Vergebung in ihrem Leben zu erfahren. Er lautet: 3.) *Vergebung erfordert einen lang andauernden Prozess, und sie kann erst dann stattfinden, wenn die Heilung vollständig ist.*

Ich habe schon solche oder ähnliche Sätze gehört: „Ich bin auf dem Weg zur Vergebung", oder: „Ich befinde mich im Prozess der Vergebung." Manchmal sind es Leute, die jahrelang einen Seelsorger oder Therapeuten besucht haben, die so etwas sagen. Bei manchen Menschen kann es natürlich ein langer und harter Weg sein, bis sie das erlittene Unrecht verarbeitet haben. Oft ist es eine Geschichte für sich, wie manche Leute es schaffen, angesichts ihres Schicksals überhaupt an Vergebung zu denken.

Aber ich kann Ihnen aus meiner Erfahrung sagen: Ich habe beobachtet, wie Christen über viele Jahre hinweg „auf die Vergebung hingearbeitet" haben, ohne dieses Ziel jemals zu erreichen. Ich könnte sogar noch weitergehen. Wenn Vergebung in erster Linie als „fortschreitender Prozess" gesehen wird, wird sie nur selten in die Praxis umgesetzt.

Der Entschluss, Vergebung zu üben, muss sich nicht über einen langen Prozess erstrecken. Schließlich ist die Vergebung, die Gott uns schenkt, auch kein Geschenk in Zeitlupe, kein zögerliches Abwarten, bis wir gut genug und bereit sind, keine Abfolge von Geschehnissen und Prüfungen.

In einer zerrütteten Beziehung kann sich der Prozess der Wiederherstellung und Versöhnung zwar über einen längeren Zeitraum hinziehen, weil in diesem Fall mehr harte Arbeit erforderlich ist und ein einziges Gebet oder eine Entscheidung allein nicht genügt. Und je besser Sie die Umstände und auch die Wege Gottes verstehen lernen, desto tiefer kann die Vergebung in Ihr Herz hineinreichen.

Aber die Gnade Gottes ermöglicht es Ihnen, sich dafür zu entscheiden, einem Menschen zu einem bestimmten Zeitpunkt zu vergeben, entsprechend Ihrem Verständnisgrad von Vergebung zu diesem Zeitpunkt. Obwohl auf dem Weg zu vollständiger Versöhnung noch viel mehr von Ihnen gefordert werden könnte, können Sie sich hier und jetzt aus der Gefängniszelle Ihrer eigenen

Unversöhnlichkeit befreien. Jetzt, in diesem Moment. Das ist eine feststehende Tatsache.

Manche Seelsorger oder Therapeuten sind der Meinung, dass Vergebung am Ende eines langen Heilungsprozesses stattfinden sollte. Obwohl es zutrifft, dass die Heilung des Denkens, der Gefühle, des Herzens und der Beziehung zu anderen Menschen in der Regel Zeit braucht und einen Prozess erfordert, werden wir jedoch niemals vergeben, wenn wir darauf warten, dass dieser Prozess abgeschlossen ist.

Meiner Meinung nach folgt auf die *punktuelle* Vergebung ein *Prozess* der Heilung und Wiederherstellung, nicht umgekehrt. Die Bereitschaft, einem Menschen zu vergeben, ist häufig der Beginn einer echten Heilung. Wenn wir am Punkt der Vergebung ankommen, können wir in den Prozess der vollkommenen Wiederherstellung eintreten.

Genauso wie Sie das Angebot der Gnade Gottes zu einem bestimmten Zeitpunkt erhalten haben, können Sie diese Gnade an andere Menschen weitergeben, und zwar als sofortigen Ausdruck Ihrer Willensentscheidung. Wenn Sie dann in Ihrer Beziehung zu Jesus Christus wachsen und reifen, zeigen sich die Früchte der Vergebung. Ihr Herz wird empfindsamer. Ihre Worte sind nicht mehr geprägt von der Schärfe des Zorns. Ihre Reaktionen sind nicht mehr so heftig und rückwärtsgewandt, sondern freundlicher und sanfter.

Obwohl wir bei der Vergebung einen *Fortschritt* feststellen, ist sie kein fortschreitender *Prozess*, der erarbeitet werden muss. Vergebung geschieht – und dann wirkt sie allmählich weiter an uns.

Ende gut, alles gut?

Einen letzten Mythos wollen wir noch aufdecken, nämlich die Auffassung, dass 4.) *nach dem Akt der Vergebung immer alles gut ist.*

Weil wir als Menschen nach dem Ebenbild Gottes geschaffen sind, erwarten wir, dass es immer bergauf gehen und unser Leben im Laufe der Zeit immer besser und erfüllter werden sollte. Deshalb gestalten Filmemacher Geschichten mit steigender Spannung und einem aufregenden Höhepunkt. Deshalb konstruieren die Leute, die für die Einrichtung von Vergnügungsparks zuständig sind, die Achterbahnen so, dass sie langsam beginnen und schnell enden. Aus diesem Grund haben auch Konzerte oder Feuerwerke immer ein „großes Finale".

Aber in unserer gefallenen, von Sünde geprägten Welt verläuft das Leben meistens anders. Natürlich sind für Menschen, die an Jesus Christus glauben, die Jahre hier auf Erden nur ein kleiner Bruchteil unseres ewigen Lebens. Deshalb haben wir die Gewissheit, dass uns in der Herrlichkeit ein immerwährendes Finale erwartet.

Aber wenn wir in der Zwischenzeit im Frieden mit Gott und unseren Mitmenschen leben wollen, müssen wir die Vergebung zu einem Lebensstil machen. Sie haben in der Vergangenheit Unrecht erfahren, und so werden Sie auch in der Zukunft Situationen erleben, in denen Sie benachteiligt, verleumdet und ungerecht behandelt werden.

Immer und immer wieder – ob in Ihrer Ehe, mit Ihren Kindern, am Arbeitsplatz, in der Gemeinde oder sogar in einer christlichen Einrichtung – werden Sie im Verlauf Ihres Lebens vor derselben Entscheidung stehen: Wollen Sie vergeben oder mit Groll und Bitterkeit leben?

Während meiner Stillen Zeit habe ich kürzlich über den zweiten Brief des Paulus an Timotheus nachgedacht. Die meisten Theologen sind sich einig, dass es sich dabei um den letzten Brief handelt, den der Apostel Paulus kurz vor seiner Hinrichtung aus dem Gefängnis geschrieben hat. Sogar zu diesem späten Zeitpunkt in seinem Leben, nachdem er über viele Jahre seinem Herrn treu gedient hatte, musste Paulus sich mit frischen Wunden in seinem Herzen auseinandersetzen.

Aus Angst vor Repressalien unter der Willkürherrschaft von Kaiser Nero hatten sich alle, „die in Asien sind“, von ihm abgewandt (2. Timotheus 1,15). Dann war da noch der Schmied Alexander, der dem Dienst des Apostels großen Schaden zugefügt hatte. Dieser Mann „hat mir viel Böses angetan“ (2. Timotheus 4,14; NeÜ). Vielleicht hatte Paulus seine Gefängnisstrafe sogar ihm zu verdanken.

Es gab noch andere, die einst die Botschaft des Evangeliums sowie die einzigartige Berufung und den Dienst des Apostels Paulus unterstützt hatten. Als jedoch der Preis der Freundschaft zu hoch wurde und neben der Überzeugung seiner Freunde auch Mut gefragt war, „stand mir niemand bei. Sie haben mich alle im Stich gelassen.“ Aber die Reaktion des Apostels auf diese schmerzliche Enttäuschung war eindeutig: „Möge es ihnen nicht angerechnet werden“ (2. Timotheus 4,16; NeÜ).

Woher nahm er die Kraft? Wie konnte er vergeben … immer wieder – sogar neue Verletzungen und neues Unrecht?

Woher nehmen Sie die Kraft, wenn eine neu eingestellte Arbeitskollegin offenbar Freude daran findet, Ihre Fähigkeiten infrage zu stellen? Woher nehmen Sie die Kraft, wenn die heimliche jahrelange Sucht Ihres Mannes nach Internetpornografie plötzlich ans Licht kommt und sein Verrat Sie wie ein Schlag ins Gesicht trifft?

Vielleicht ist es ja auch etwas weniger Schlimmes und viel Alltäglicheres. Wie vergeben Sie dem Nachbarn, dessen Hund die halbe Nacht lang bellt und Sie mit frustrierender Regelmäßigkeit aus dem Schlaf reißt? Wie vergeben Sie einer Freundin, der Sie etwas im Vertrauen erzählt haben, was sie dann in ihrem Hauskreis als Gebetsanliegen weitergegeben hat?

Gute Gewohnheiten

Ich glaube, Paulus hatte diese Fähigkeit mindestens drei guten Gewohnheiten zu verdanken, die er im Laufe der Jahre verfeinert hatte. Zwei davon werden in diesem Abschnitt im zweiten Timotheusbrief ausdrücklich erwähnt, eine weitere lässt sich zwischen den Zeilen herauslesen.

1.) Paulus hatte vollkommenes Vertrauen in die Macht Gottes und seinen ewigen Plan. Er war nicht blind gegenüber den Dingen, die mit ihm oder um ihn herum geschahen. Er lebte nicht in glückseliger Leugnung der Tatsachen, und er versuchte auch nicht, das an ihm begangene Unrecht zu „vergessen". Stattdessen verarbeitete er die Schläge, die ihn trafen, indem er sich diese Wahrheit vor Augen hielt: „Der Herr wird mich retten von jedem bösen Werk und mich in sein himmlisches Reich hineinretten" (2. Timotheus 4,18). Er wusste, dass Menschen, die ihm geschadet hatten, sich vor jemand anderem als vor ihm, Paulus, verantworten müssten: „Der *Herr* wird ihm seine Untaten vergelten" (2. Timotheus 4,14; NeÜ).

Wenn Sie sich überwältigt fühlen von Ihrer Unfähigkeit, mit dem Schmerz, den Sie empfinden, fertigzuwerden, wenn Ihnen immer wieder neue Verbalattacken für die Menschen einfallen, die Ihnen Unrecht getan haben, wenn Ihnen einfach alles zu viel wird, dann werfen Sie Ihre Sorgen ganz bewusst auf den Herrn. Verwandeln Sie Ihre Schwachheit in ein Gebet. Werfen Sie sich voll und ganz auf die Gnade Gottes. Vertrauen Sie ihm, dass er in Ihre Situation eingreift, auf seine Art und zu seiner Zeit.

2.) Paulus machte sich mehr Gedanken über seine Berufung als über seine Bequemlichkeit. Er wusste, dass die Verkündigung des Evangeliums, die treibende Kraft in seinem Leben, wichtiger war als jedes Drama, das sich in seinem Privatleben abspielte. Ihm war eines bewusst: Die Kraft, die der Herr ihm gab, war nicht nur für ihn selbst bestimmt, sondern für ein höheres Ziel: „… sodass ich meinen Auftrag, allen Völkern seine Botschaft zu verkündigen, auch bei dieser Gelegenheit zu Ende führen konnte" (2. Timotheus 4,17; NeÜ).

Hat Gott genügend Kraft für Sie übrig? Natürlich. Er kann Sie „aus dem Rachen des Löwen" retten und

Sie aus dem erdrückenden Griff der Unversöhnlichkeit befreien, so wie er es für Paulus getan hat. Aber er hat noch mehr mit Ihnen vor, als Sie glücklich und zufrieden zu wissen. Sein Plan, seine Leidenschaft, Menschen durch die Macht des Evangeliums zu verändern, ist auch Ihre Berufung. Und Ihre persönliche Geschichte, wie Sie Menschen vergeben, ist eine Möglichkeit, diese Berufung zu erfüllen.

3.) Paulus kannte das Geheimnis der Nachsicht. Dieses Wort hören wir heutzutage nicht allzu oft, aber wenn wir lernen, in unserem Alltag Nachsicht zu üben, kann sie zu einer unserer wichtigsten Waffen gegen die Unversöhnlichkeit werden.

„Nachsicht üben" bedeutet, sich zurückzuhalten, sich nicht provozieren zu lassen, langmütig zu sein und bereit, die Handlungsweise (oder die Untätigkeit) unserer Mitmenschen zu ertragen – oder loszulassen.

Nachsicht ist in Wirklichkeit ein Nebenprodukt von Liebe, jener Liebe, die „eine Menge von Sünden bedeckt" (1. Petrus 4,8), oder, wie Paulus es in 1. Korinther 13 dargestellt hat, die Liebe, die sich nicht reizen lässt und Böses nicht nachträgt, die alles erträg, die immer glaubt und hofft und allem standhält (vgl. 1. Korinther 13,5.7; NeÜ).

Betrachten wir ein paar Beispiele aus dem „richtigen" Leben.

- Ihr Mann merkt nicht, dass Sie etwas Besonderes für ihn getan haben.
- Ihre erwachsenen Kinder rufen Sie nicht so oft an, wie Sie es sich wünschen.

- Ihr Chef gibt Ihnen die Schuld an einem Fehler, den Ihre Kollegin/Ihr Kollege gemacht hat.
- Ihre Schwiegermutter hat etwas Verletzendes zu Ihnen gesagt.
- In Ihrer Gemeinde geht eine Bekannte/ein Bekannter grußlos an Ihnen vorbei.
- Es ist offensichtlich, dass Ihre Eltern Sie für verrückt halten, weil sie ein weiteres Kind erwarten.
- In Ihrer Gemeinde stellt Ihnen jemand jeden Sonntag dieselbe Frage: „Hast du schon eine neue Arbeitsstelle in Aussicht?"
- Ein Autofahrer telefoniert mit seinem Handy und fährt Sie beinahe über den Haufen, weil er Sie zu spät sieht.

Wie verhalten Sie sich? Sie üben Nachsicht. *Sie lassen los.*

Natürlich sollte so manches Unrecht offen angesprochen und in Ordnung gebracht werden. Aber viele Formen von Unrecht – sogar die meisten – sollte man einfach übersehen und wegstecken. (Wir neigen jedoch dazu, die Sünden aufzudecken, die wir übersehen sollten, und diejenigen zu übersehen, die wir aufdecken sollten.)

Mangelnde Nachsicht in unseren Familien und im Alltag bewirkt, dass wir auf bestimmte Verhaltensweisen unserer Mitmenschen so übertrieben reagieren, „bis ein (Fliegen-)Ei so riesig wird, als hätte ein Strauß es gelegt", wie Charles Spurgeon es ausgedrückt hat.[2] Ohne Nachsicht werden Spannungen und Konflikte größer, in zwischenmenschlichen Beziehungen werden Mauern errichtet. Fehlende Nachsicht macht uns kleinlich und reizbar und Freundschaften zerbrechen. Ich bin davon überzeugt, dass viele Ehescheidungen vermieden werden könnten, wenn ein oder beide Ehepartner Nachsicht üben würde(n). Viele Spannungen und Missverständnisse am Arbeitsplatz würden sich in Luft auflösen, wenn wir nachsichtig miteinander umgehen würden.

> Nachsicht bei unbedeutenden Angelegenheiten des Alltags ist eine wichtige Übung und bereitet uns auf Vergebung bei den bedeutenden Streitfragen vor.

Nachsicht bei unbedeutenden Angelegenheiten des Alltags ist eine wichtige Übung und bereitet uns auf Vergebung bei den bedeutenden Streitfragen vor, die mit Sicherheit auftreten werden.

Wenn wir beeindruckende Berichte hören oder lesen, wie ganz gewöhnliche Menschen unter den ungewöhnlichsten, schwierigsten Umständen Vergebung üben, dann ist es unwahrscheinlich, dass diese Menschen die Fähigkeit dazu ganz plötzlich bekommen haben. Ich bin überzeugt, dass sie schon vorher bei ganz alltäglichen, banalen Situationen in ihrem Leben Vergebung und Nachsicht geübt haben.

Eine Frau vergibt dem Mann, der sie vergewaltigt hat. Sie ist nicht nur von ihm schwanger, er hat sie außerdem noch mit dem HIV-Virus angesteckt. Trotzdem sagt sie: „Jedes Mal, wenn wir den Schmerz spüren, müssen wir wieder vergeben."

Ein Mann muss zusehen, wie sein Vater wegen ein paar Dollar in der Brieftasche erschossen wird. Doch eines Tages schüttelt er dem Raubmörder die Hand und erklärt: „Ich vergebe Ihnen."

Eine Mutter wird von einem zu schnell fahrenden Auto frontal erfasst. Der Fahrer hat keinen Führerschein. Ihre beiden Kinder kommen bei dem Unfall ums Leben und sie selbst schwebt in Lebensgefahr. Nachdem sie aus einem künstlichen Koma erwacht, lauten ihre ersten Worte an ihren Mann: „Hast du ihm vergeben?“

Solche heldenhaften Verhaltensweisen kommen nicht einfach so aus heiterem Himmel, sondern finden sich meistens bei Menschen, die schon lange bevor ihr ganzes Leben auf dem Spiel stand wussten, was Vergebung bedeutet.

Sie können auch so ein Mensch sein.

Die Früchte der Vergebung

Während der Arbeit an diesem Buch wurde der 50. Todestag von fünf Märtyrern begangen, jenen fünf Missionaren, die von den Auca-Indianern (heute bekannt als Waodani-Indianer) im Dschungel von Ecuador ermordet wurden. Der Name, der den meisten im Zusammenhang mit diesem Geschehen einfällt, ist der von Jim Elliot. Seine Witwe Elisabeth ist durch ihren Dienst als Autorin und Rednerin vielen zum Segen geworden.

In der Zeit um diesen Jahrestag hatte ich die Gelegenheit zu einem Gespräch mit Steve Saint, dessen Vater Nate ebenfalls an jenem tragischen Nachmittag an einem Flussufer in Südamerika ermordet wurde. Er nahm mich in der Erinnerung mit zurück in die darauf folgenden, düsteren Tage, und er vermittelte mir Gedanken und Eindrücke, die ich so schnell nicht vergessen werde.

Vielleicht können Sie nachempfinden, wie es ist, als Kind ein Elternteil zu verlieren. Ich kann nur versuchen, mir vorzustellen, welche Wirkung ein so schrecklicher Verlust auf mich gehabt hätte. Als Marge Saint ihrem fünfjährigen Sohn sagte, dass sein Vater nie mehr zurückkehren würde, empfand er natürlich jene unglaubliche Trauer, die man nur beim Tod eines Elternteils erlebt.

Aber als ich Steve 50 Jahre später fragte, ob er jemals mit Bitterkeit gegenüber den Mördern seines Vaters zu kämpfen hatte, antwortete er: „Ich habe mich damals an meiner Mutter und den anderen vier Witwen orientiert. Ich habe niemals auch nur mit einem Wort von ihnen gehört, dass Gott vielleicht einen Fehler gemacht hätte – oder dass sie einen Fehler gemacht hätten." Diese Frauen lebten ein tiefes Gottvertrauen vor, das selbst für ihre kleinen Kinder zu erkennen war.

Als das Drehbuch für einen Film über diese Geschichte verfasst wurde, bestanden die Drehbuchautoren darauf, Steve in seinem Schmerz und seiner Wut zu zeigen, denn so stellten sie sich ihre eigenen Gefühle angesichts einer solchen Tragödie vor. Steve erzählte, er hätte schließlich protestiert: „Jungs, das war aber nicht so. Ich habe diese Menschen niemals gehasst. Ich wollte nicht mit ihnen abrechnen."

Die Drehbuchautoren erwiderten: „Das wissen wir, Steve, aber das liegt nur daran, dass deine Mutter, die anderen Frauen und deine Großeltern auf Gott vertraut haben. Dieses Erbe trägst du in dir, aber die meisten Menschen auf dieser Welt haben so etwas nicht.“

Als er sich dieses Gespräch noch einmal in Erinnerung rief, sagte Steve zu mir: „Ich glaube, sie haben recht. Aber die Wirklichkeit sah für mich so aus: Ich wusste nicht, warum die Waodani diesen Mord begangen hatten. Ich wusste auch nicht, wie ich als Erwachsener die Vaterrolle übernehmen sollte ohne einen eigenen Vater, der mir diese Rolle vorgelebt hätte. Aber ich vertraute darauf, dass Gott einen Weg finden würde und einen Plan für mein Leben hatte. Und jetzt, 50 Jahre später, glaube ich immer noch an diesen Plan Gottes.“

Es ist erstaunlich, welche Macht Vergebung hat. Und auch das Gottvertrauen dieser jungen Witwen ist erstaunlich. Diese Frauen hätten ihren Glauben so leicht einer Haltung des Selbstmitleids opfern können, und es wäre auch verständlich gewesen. Stattdessen hatte Gott durch ihr Vertrauen ihre Kinder davor bewahrt, eine riesige Last an die nächste Generation weiterzugeben.

Diese Verantwortung haben auch wir gegenüber unseren Kindern und gegenüber anderen Menschen, die beobachten, wie wir leben. Welches Vermächtnis hinterlassen Sie Ihren Kindern? Wie werden sie auf die Tragödien des Lebens reagieren, wenn sie sich an Ihnen orientieren, an der Art, wie Sie mit Schmerz, Enttäuschung und Verlust umgehen? Wie prägen Sie die Sichtweise der nächsten Generation über Gott? Haben Sie schon einmal überlegt, welche Wirkung Ihre Bereitschaft zur Vergebung auf künftige Generationen haben wird?

Es ist ebenfalls erstaunlich, dass einige der Witwen mit ihren Familien an den Ort des Massakers zurückkehrten, um den Mördern das Evangelium zu bringen – jenen Verbrechern, die auf grausame Weise mit ihren Speeren das Leben ihrer Männer oder Väter ausgelöscht hatten.

Jahre später sollte der Mörder seines Vaters die Gelegenheit haben, Steve in einer anderen, aber ähnlich schlimmen Krise beizustehen.

Steves Tochter Stephenie, das jüngste von seinen vier Kindern, war gerade von einer einjährigen Tournee zurückgekehrt. Sie war als Keyboard-Spielerin mit einer Musikgruppe von *Jugend für Christus* unterwegs gewesen. Obwohl er anfangs von dieser Idee nicht begeistert gewesen war, hatte Steve seiner Tochter schließlich doch erlaubt, sich eine Auszeit von ihrem Studium zu nehmen. Er wusste ja, dass ihr die Leidenschaft für Mission im Blut lag und er deshalb nicht allzu viel Widerspruch einlegen konnte. Trotzdem fehlte Stephenie ihm und seiner Frau sehr. Sie fragten sich oft, welche Risiken sie wohl gerade einging. Deshalb waren sie wirklich erleichtert, als sie schließlich aus dem Flugzeug stieg und endlich wieder zu Hause war.

Ihr kleines Mädchen war wohlbehalten zurückgekehrt.

Während der Willkommensfeier, die man für sie organisiert hatte, zog sich Stephenie plötzlich auf ihr Zimmer zurück. Sie klagte über starke Kopfschmerzen. Schließlich gab ihre Mutter Ginny ihrem Mann zu verstehen, dass es Stephenie ziemlich schlecht gehe und er mit ihr zusammen für sie beten solle.

Steve war dankbar, ein paar Momente allein mit seiner Frau und seiner Tochter verbringen zu können. Also eilte er auf ihr Zimmer. Stephenie lag auf Ginnys Schoß wie damals, als sie noch klein war. Steve legte die Arme um die beiden und bat Gott, Stephenies Kopfschmerzen wegzunehmen.

Während er betete, hörte er einen leisen Aufschrei seiner Tochter. Er warf einen Blick auf ihr Gesicht und sah, wie sie ihre Augen verdrehte. Sie hatte eine massive Hirnblutung.

Als sie im Krankenhaus ankamen, war Stephenie tot.

„Ich wusste erst nicht, was los war“, sagte Steve. „Sogar ich hatte so eine falsche Vorstellung. Ich meinte, dass Gott sich nach unseren Spielregeln richten müsste, wenn wir das tun, was er von uns verlangt. Obwohl ich weiß, dass das nicht stimmt, scheint so ein Gedanke naheliegend.“

Dieser Gedanke schien auch für Mincaye, den Freund, der Steve und Ginny im Krankenhaus beistand, naheliegend. Er war derjenige, der vor vielen Jahren Steves Vater umgebracht hatte. „Wer macht das?“, fragte er. „Warum stirbt sie?“

Dieser Krieger aus dem Dschungel hatte Stephenie zunächst vor dem medizinischen Personal und dem Krankenwagen schützen wollen, weil er nicht verstand, was da vor sich ging. Aber er war der Erste, der für das, was später ihr größter Trost werden sollte, Worte fand. „Das ist Gott“, sagte er. „Seht ihr nicht, dass Gott selbst dahintersteckt?“

„Und in diesem Augenblick", erzählte mir Steve, als ich mir die Tränen abwischte, „während meine einzige Tochter starb, das Kind, das ich von ganzem Herzen liebte, legte Großvater Mincaye, der Mann, der meinen Vater ermordet hatte, seine Arme um mich, weil er mir mit seinem Gottvertrauen helfen wollte, an meinem Vermächtnis des Glaubens festzuhalten und es an die nächste Generation weiterzugeben. Wir können nicht immer verstehen, was geschieht, aber Gott hat seine Gründe."

Totales Gottvertrauen. Der Kreis hat sich geschlossen. Und das alles ist geschehen, weil fünf tapfere Frauen mit einer unaussprechlichen Tragödie so umgegangen sind, wie Gott es wollte, und ihr Vermächtnis noch immer Früchte trägt, die Gott gefallen.

Wer hätte sich vorstellen können, welche Absicht Gott verfolgte, als die Gräueltat verübt wurde, als an jenem Tag in jener kleinen Bucht im Dschungel von Ecuador ein schriller Schlachtruf ertönte, auf den der Tod folgte? Und doch haben viele Menschen zum Glauben gefunden, haben sich zum Dienst im Missionsfeld berufen gefühlt oder zu einem opferbereiten Leben – wegen dieser fünf Männer, die auf eine scheinbar so sinnlose Art ihr Leben verloren hatten.

Nein, wir können wirklich nicht die Absichten Gottes ergründen, selbst dann nicht, wenn sie um uns herum geschehen. Aber wir können wissen, dass er eine Absicht hat und er sie auch durch uns verwirklichen will in seinem Plan, der über die Generationen hinausreicht.

Das kann geschehen, wenn wir ihm vertrauen und wenn wir bereit sind zu vergeben.

Zum Nachdenken

- Bennennen Sie einen oder mehrere der in diesem Kapitel erwähnten „Mythen“, der/die Sie daran hindert/hindern, vollständige Vergebung zu üben.
- Haben Sie das Geheimnis der Nachsicht erlernt? In welchen aktuellen Situationen müssen Sie lernen, Nachsicht zu üben?
- Welches Vermächtnis hinterlassen Sie der nächsten Generation im Hinblick auf Vergebung?

Kapitel 8
Brücken des Segens

Vergebung löst Freude aus, bringt Frieden
und schenkt einen Neubeginn.
Vergebung setzt alle höheren Werte der Liebe in Bewegung.
In gewisser Hinsicht ist Vergebung die höchste Stufe
des christlichen Glaubens.[1]

John MacArthur

Mitsuo Fuchida befehligte den Angriff der japanischen Luftwaffe auf Pearl Harbor. Der furchtlose, herausragende Pilot wurde extra für diese Aufgabe ausgewählt. Er war es auch, der den 360 Kampfflugzeugen in Wartestellung den berühmten Befehl gab: „Tora! Tora! Tora!" Die Tötung von 2.300 amerikanischen Marinesoldaten bezeichnete er als „die spannendste Heldentat meiner Laufbahn."

Aber die meisten Leute wissen nicht, dass dieser Draufgänger im Jahr 1949, also knapp acht Jahre nach dem Angriff auf Pearl Harbor, zum Glauben an Jesus Christus gefunden hat. Um diese „unwahrscheinliche" Kehrtwende herbeizuführen, ließ Gott es zu zwei erstaunlichen Ereignissen kommen.

Das erste geschah kurz nach dem Krieg. Fuchida unterhielt sich mit einem Bekannten. Er gehörte zu den Japanern, die man in den USA gefangen genommen und interniert hatte. Ihn interessierte vor allem, wie die Amerikaner die Gefangenen behandelt hatten. Deshalb hörte er gut zu, als sein Freund ihm erzählte, wie eine 18-jährige freiwillige Helferin sich besonders aufmerksam um die Japaner gekümmert hatte. Als die Gefangenen fragten, warum sie ihnen gegenüber so hilfsbereit sei, erhielten sie eine unerwartete, nicht nachvollziehbare Antwort: „Weil japanische Soldaten meine Eltern getötet haben."

Die Eltern der jungen Frau waren als Missionare in Japan gewesen, als die internationalen Spannungen, die schließlich zum Zweiten Weltkrieg geführt hatten, eskalierten. Nachdem das Missionarsehepaar auf die Philippinen geflüchtet war, wurde es wegen Spionage verurteilt und enthauptet. Die Tochter der beiden erfuhr davon erst drei Jahre später, nach ihrer Evakuierung in die USA. Natürlich reagierte sie auf diese Nachricht mit bitterem Schmerz und Wut. Aber weil sie ihre Eltern kannte, kam sie schließlich zu der Erkenntnis, dass sie ihren Mördern vergeben hätten. Sie wusste es einfach, und deshalb musste auch sie Vergebung üben. Dabei sollte es jedoch nicht bleiben. Sie wollte Böses mit Gutem vergelten. Und deshalb war sie hier, in den Lagern, um ihre Feinde zu lieben.

Fuchida war über ein derartiges Verhalten äußerst erstaunt. Wie konnte jemand auf den Mord der eigenen Eltern so reagieren?

Dann, ein paar Jahre später, gab ihm jemand eine Verteilschrift, während er am Bahnhof auf einen Zug wartete. Normalerweise hätte er einen solchen Flyer einfach weggeworfen, aber sein Interesse war geweckt, als er sah, dass der Autor ebenfalls Kampfpilot gewesen war. Unter der Überschrift *Ich war Kriegsgefangener in Japan* berichtete Sergeant Jacob DeShazer, wie er während des Überraschungsangriffs der amerikanischen Luftwaffe auf Tokio, als Vergeltung für den Angriff auf Pearl Harbor, mit dem Fallschirm aus seinem Flugzeug springen musste.

DeShazer wurde von den japanischen Streitkräften sofort gefangen genommen. Er schilderte die nächsten drei Jahre als einen nicht enden wollenden Albtraum aus Folter, Hunger und vielen Hinrichtungen, die seine Mitgefangenen das Leben kosteten. In der Einzelhaft schrumpfte seine Welt auf wenige Quadratmeter zusammen, aber sein Hass entflammte und wurde immer größer.

Nach zwei Jahren Gefangenschaft gab man ihm jedoch ein paar Bücher, die er im dämmrigen Licht seiner Zelle lesen konnte. Darunter war eine Bibel. Wie Licht in der Finsternis traf das Wort Gottes sein Herz, vor allem jene Verse, die direkt in seine Situation hinein zu sprechen schienen: „Liebt eure Feinde."

Gottes Gnade hatte aus ihm einen neuen Menschen gemacht. Und so begann DeShazer ganz bewusst, mit den Wärtern respektvoll zu sprechen, selbst wenn sie ihn brutal und entwürdigend behandelten. „Ich bat

Gott, meinen Peinigern zu vergeben", schrieb er in der Verteilschrift. „Und ich war fest entschlossen, diesen Menschen mit der Hilfe Jesu von der Heilsbotschaft zu erzählen."

Fuchida las DeShazers Geschichte voller Verwunderung. Dann kaufte er sich schnell eine Bibel, weil er sich selbst überzeugen wollte, woher dieses seltsame Gebot, seine Feinde zu lieben, wirklich stammte.

> Vergebung erfordert, dass wir den Menschen, der uns Unrecht getan hat, nicht nur loslassen, sondern weit darüber hinaus gehen.

Schließlich fand Fuchida zum Glauben an Jesus Christus. Er wurde Evangelist und arbeitete schließlich sogar mit DeShazer zusammen. Die beiden Männer sprachen bei großen Veranstaltungen in Japan und Asien. Sie wurden gute Freunde, und gemeinsam führten sie viele Menschen zum Heil in Jesus Christus.[2]

Das alles geschah, weil zwei Menschen nicht bei der Vergebung stehen geblieben, sondern weit darüber hinaus gegangen waren, weil zwei Menschen Leid mit Liebe vergolten haben.

Den Weg zu Ende gehen

Ich habe mit Leuten gesprochen, die meinen, sie hätten einer Personen, die an ihnen schuldig geworden ist, wirklich vergeben. Doch obwohl sie die „Entfernen"-Taste gedrückt haben, fühlen sie sich, als seien sie in ihren negativen Empfindungen festgefahren. Wenn sie an den Menschen denken, der ihnen Unrecht getan hat, krampft sich dabei noch immer alles in ihnen zusammen. Es kommt ihnen so vor, als könnten sie die Sache einfach nicht hinter sich lassen. Etwas hält sie zurück.

Das Wort Gottes gibt uns einen Schlüssel an die Hand, mit dem wir die Vergebung konsequent zu Ende führen können. Dabei ist es erforderlich, dass wir den Menschen, der uns Unrecht getan hat, nicht nur „freilassen", sondern „weit darüber hinaus gehen" – die Gnade Gottes weitergeben und Brücken der Liebe bauen, indem wir einen Fluch mit Segen, Böses mit Gutem vergelten.

Aber ich habe ihm doch vergeben! Ich bin doch nicht verbittert. Es ist ein mutiger Schritt, wenn Sie dem/den Menschen, der/die Ihnen Unrecht getan hat/haben, aus der Umklammerung Ihrer eigenen Wut und Rachsucht entlassen. Dafür kann ich Sie nur loben.

Aber es gibt noch mehr ... Gott will für Sie ein Leben in Freiheit, damit sein Licht und seine Liebe aus Ihnen heraus strahlt, aus Ihrem Lächeln, Ihrem Händedruck, aus Ihrer ganzen Person.

Wahre Vergebung umfasst viel mehr als die Worte: „Ich vergebe ihm." Thomas Watson, der puritanische Prediger aus dem 17. Jahrhundert, hat es so ausgedrückt:

Wann vergeben wir anderen? Wenn wir jeden Gedanken an Rache fahren lassen; wenn wir unseren Feinden kein Unheil zufügen, sondern ihnen Gutes wünschen, betrübt sind, wenn sie ein Unheil trifft, für sie beten, die Versöhnung mit ihnen anstreben und jederzeit bereit sind, sie zu unterstützen. Das ist Vergebung im Sinne des Evangeliums.[3]

Hier wird ein Maßstab gesetzt. Wir sollen anderen Menschen vergeben, *wie Gott uns vergeben hat*. Und wie hat Gott uns vergeben? Er hat nicht nur zu uns gesagt: „Ich habe dir vergeben." Er hat das Leben seines Sohnes für uns hingegeben, als wir noch seine Feinde waren. Er ist uns nachgegangen, als wir mit ihm nichts zu tun haben wollten. Er hat uns in seine Familie aufgenommen und uns zu Miterben Christi gemacht. Er hat uns versprochen, uns niemals im Stich zu lassen. Er tröstet uns und sorgt für uns. „Tag für Tag trägt er uns die Last, er, der Gott unseres Heils" (Psalm 68,20; NeÜ). Dieses Übermaß an Gnade haben wir nicht verdient, aber es ist für uns das Vorbild, wie wir Vergebung üben sollen.

Wenn wir jemandem vergeben, dann öffnen sich im übertragenen Sinn Jalousien und Fenster und der frische Wind der Gnade Gottes kann seine heilende Wirkung entfalten. Aber wenn wir den bewussten Schritt machen, die Menschen, die uns Unrecht getan haben, zu segnen, unsere Feinde zu lieben, dann werden wir die Macht der Vergebung in ihrer Fülle erfahren.

Ich möchte noch einmal auf Gracia Burnham zurückkommen, um dieses schlagkräftige Prinzip zu veranschaulichen. Ich habe bereits berichtet, wie sie und ihr Mann auf den Philippinen den schrecklichen Leidensweg der Geiselhaft und der monatelangen Misshandlung im Dschungel ertragen mussten.

In ihrem zweiten Buch erzählt Gracia von einem ihrer Geiselnehmer, einem jungen Mann, der „57" genannt wurde, weil er auf ihren Märschen durch den Urwald immer einen M57 Raketenwerfer trug. Er war stets mürrisch, launisch und streitsüchtig, und er sah immer so aus, als wollte er ihnen gleich die Köpfe abreißen. Sie wussten nie, was er als Nächstes machen würde, weil er immer so schnell ärgerlich wurde.

Aber Gracias Mann Martin fand eines Tages heraus, dass „57" unter schlimmen Kopfschmerzen litt und wahrscheinlich deshalb so unberechenbar war. Also bot Martin dem jungen Mann aus seinem kleinen Vorrat an Medikamenten Schmerzmittel an.

„Sofort hatte dieser Mann eine andere Einstellung Martin gegenüber", erinnert sich Gracia. „Von diesem Augenblick an betrachtete er meinen Mann als seinen Freund."[4]

Eine so simple Handlung. Eine aufmerksame Frage. Ein Aspirin. Aber auf dem Weg dorthin musste Martin eine Vielzahl guter Gründe abschmettern, warum ihm die Kopfschmerzen des launischen Geiselnehmers gleichgültig sein sollten und er vielmehr *allen* Geiselnehmern noch schlimmere Kopfschmerzen wünschen sollte.

Aber lesen wir, was Gracia nach ihrer grausamen Geiselhaft, nachdem sie miterleben musste, wie ihr Mann umgebracht wurde, nachdem sie aus ihrem bisher so sicheren Leben gerissen worden war, dazu zu sagen hatte: „Bis heute habe ich diesen jungen Mann in mein Herz geschlossen, weil Martin so freundlich zu ihm war."[5]

Eine Sache ist abgeschlossen, und man geht in einen neuen Tag hinein, frei von dem Wunsch zurückzuschlagen, frei von Rachegefühlen.

Auch wenn Sie an die schlimmsten Situationen in Ihrem Leben denken, an „unverzeihliches Unrecht", wie manche von uns es ausdrücken würden, gibt es für Sie nicht den geringsten Grund, warum Sie nicht gemeinsam mit Gott einen vollständigen, allumfassenden Sieg erringen können. Aber um dieses Ziel zu erreichen, sollten Sie alles, was Gott darüber sagt, ernst – und wörtlich – nehmen. Dazu gehört auch so etwas Undenkbares wie *diejenigen, die Ihnen Unrecht getan haben, zu segnen.*

Wie ich bereits im letzten Kapitel erwähnt habe, lässt Gott uns schmerzliche Erinnerungen, so manche Gefühle und Auswirkungen von Verletzungen aus der Vergangenheit, damit wir Erbarmen und Mitleid haben können mit jenen Menschen, die Ähnliches durchmachen. Das ist in Wirklichkeit ein großes Vorrecht, ein Geschenk von einem Gott, der liebevoller ist, als viele seiner Geschöpfe es von ihm erwarten, der auch den schlimmsten Umstand in ein Siegeszeichen seiner Gnade und Barmherzigkeit umgestalten kann.

Allerdings bin ich auch fest davon überzeugt, dass Sie nicht Ihr Leben lang mit der schweren Last ungeklärter Gefühle herumlaufen müssen. Viele von uns plagen sich jedoch noch immer damit herum, und wir sind auf diesem Gebiet noch nicht zu einer vollständigen Heilung durchgedrungen, weil, ja, weil ... wir davor zurückschrecken, diejenigen zu segnen, die uns Unrecht getan haben.

Gott kann auch den schlimmsten Umstand in ein Siegeszeichen seiner Gnade und Barmherzigkeit umgestalten.

Wir müssen unseren Weg weitergehen. Wir müssen das zu Ende bringen, was Gott begonnen hat. Weil es gut für uns ist. Weil es gut für die anderen ist. Weil wir zur Ehre Gottes leben sollen.

In Römer 12 wird uns gesagt, dass wir diejenigen segnen sollen, die uns Unrecht getan haben. Es handelt sich hier nicht um eine freiwillige Zusatzleistung und auch nicht um einen Fortgeschrittenenkurs für Superchristen. Dieser Text ist für Sie geschrieben. Und für mich. Für jeden, der die Hilfe Gottes braucht, um den Weg der Vergebung bis zum Ende zu gehen. Wir wollen dem Text Schritt für Schritt folgen.

Erstens steht da: „Vergeltet niemand Böses mit Bösem" (Vers 17).

Das Wort Gottes ist direkt und unmissverständlich. Gott sagt: Zahlt das Unrecht, das andere euch angetan haben, nicht mit gleicher Münze zurück. Es ist seine Aufgabe, dafür Ausgleich zu schaffen:

Rächt euch nicht selbst, Geliebte, sondern gebt Raum dem Zorn Gottes! Denn es steht geschrieben: „Mein ist die Rache; ich will vergelten, spricht der Herr."
Römer 12,19

Also gut, bis hierher ist alles klar. Wir sollen nicht Böses mit Bösem vergelten, und Rache ist Gottes Sache, nicht meine. Aber hier kommt noch mehr; jetzt geht es nämlich um das, *was* wir tun sollen:

Wenn nun deinen Feind hungert, so speise ihn; wenn ihn dürstet, so gib ihm zu trinken! ... überwinde das Böse mit dem Guten!
Römer 12,20–21

Lassen Sie sich die unglaubliche Macht, die in diesen Worten steckt, nicht entgehen. Wir müssen nicht zu Opfern des von anderen an uns verübten Bösen werden, sondern wir können das Böse überwinden – mit Gutem!

Bitte gehen Sie gedanklich noch einmal unsere Übung aus Kapitel 5 durch. Benennen Sie noch einmal die Menschen, die Ihnen Unrecht getan, durch die Sie Schmerz und Verlust erlitten haben, die es Ihnen besonders schwergemacht haben, beides loszulassen und zu vergeben. Und während Sie noch an diese Personen denken, bitte ich Sie, Abstand zu nehmen von den verletzten Gefühlen, die vielleicht noch immer in Ihnen hochkommen ... und sich bewusst zu machen, dass dieser Mensch in Not ist.

Ja, in Not.

Ob es nun ein Ehepartner war, ein Freund, ein Elternteil, der Exmann oder die Exfrau, ein Mitbewohner im Studentenheim, eine Tante oder ein Onkel, ein Fremder, der wie aus dem Nichts kam und Ihr Leben ruiniert hat, eins haben diese Menschen gemeinsam: Sie sind in Not, auch wenn sie versucht haben, diese Not auf Ihre Kosten zu lindern.

Wollen Sie vollkommene Befreiung erleben, wenn Sie diesen Leuten vergeben? Dann bitten Sie Gott, Ihnen die wahre Not im Leben der Menschen zu zeigen, die Ihnen Unrecht getan haben.

Und dann fragen Sie ihn, wie er Sie als Werkzeug gebrauchen kann, um diese Not zu lindern.

Genau das geschah auch im Leben von Josef. Wir haben den biblischen Bericht bereits betrachtet. Josef hatte Unrecht erlitten – durch seine Brüder, durch Potifars

Frau, durch den Mithäftling, der ihm versprochen hatte, sich für seine Freilassung einzusetzen, ihn nach der Entlassung aus dem Gefängnis jedoch vergaß. Als Josef schließlich seine harte Prüfung bestanden hatte und Vergebung für ihn bereits zum Herzensanliegen geworden war, ging er den Weg zu Ende und segnete seine Brüder, durch deren Schuld er in diese schlimme Lage geraten war.

Ich bin immer wieder aufs Neue erstaunt, wenn ich im biblischen Bericht lese, wie Josef auf seine Brüder reagierte, obwohl sie ihn zutiefst verletzt hatten. Er wollte nicht Böses mit Bösem vergelten. Er wollte nicht dasselbe Spiel spielen wie seine Brüder. Aber er wollte es auch nicht beim simplen Verzicht auf Vergeltung belassen (und *Barmherzigkeit* üben). Allein das ist schon schwer genug. Nein, er ging weit darüber hinaus, indem er aktiv und bewusst ihre Not linderte (und *Gnade* übte):

Und nun, fürchtet euch nicht! Ich werde euch und eure Kinder versorgen. *So* tröstete *er sie und redete zu ihrem Herzen.*
1. Mose 50,21

Ein solches Verhalten ist übernatürlich! Hier zeigt sich die erlösende, wiederherstellende Liebe Jesu, mit der er uns begegnet ist, obwohl wir den Zorn Gottes verdient hätten. Stattdessen beschenkte er uns überaus großzügig mit seiner Gnade.

Das ist es auch, was hinter den Anweisungen des Apostels Paulus an die Korinther steckt. Ein Mann aus der Gemeinde hatte eine schwere Sünde begangen. Er brauchte deshalb Heilung und Wiederherstellung. Die

Gemeinde sollte diesem Mann „vergeben", ihn „ermuntern" und ihm gegenüber „Liebe üben" (2. Korinther 2,7–8).

Erscheint das für Sie in Ihrem Fall zu schwer? Wahrscheinlich schon. Es ist auch *viel* zu schwer. Wenn wir jemals die Kraft des Heiligen Geistes brauchen, damit wir dem Wort Gottes gehorchen können, dann in so einer Situation. Menschen, die versuchen, ohne die Gnade Gottes und die Erlösung zu überleben, haben keine Aussicht darauf, den Anforderungen dieser Verse gerecht werden zu können.

Aber bei Ihnen ist das anders. Denn sonst hätte Jesus niemals sagen können:

Liebt *eure Feinde;*
tut wohl *denen, die euch hassen;*
segnet, *die euch fluchen;*
betet *für die, die euch beleidigen!*
Lukas 6,27–28

Damit wir uns richtig verstehen: So etwas können Sie nicht aus sich selbst heraus schaffen. Aber Gott kann es durch Sie tun. Und wenn Sie bei Ihrem Heilungsprozess vorankommen wollen, dann tun Sie Folgendes: Sobald Sie Ihren Mitmenschen voll und ganz vergeben, sie losgelassen und die „Entfernen"-Taste gedrückt haben, bitten Sie Gott, Ihnen zu zeigen, wie Sie etwas in das Leben des Menschen, der Ihnen Unrecht getan hat, investieren können.

Es muss nichts Spektakuläres sein. Es kann eine freundliche Erwiderung auf hasserfüllte Worte sein. Es kann eine liebevoll zubereitete Mahlzeit sein oder das Angebot, dem- oder derjenigen unbeliebte Arbeiten im Haushalt abzunehmen. Es kann sogar ein Gutschein für ein Essen im Lieblingsrestaurant sein oder ein im Wäschefach versteckter Liebesbrief.

Machen Sie den Anfang. Achten Sie darauf, was geschieht. Auch wenn bei dem oder der anderen nichts passiert, dann geschieht vielleicht etwas bei Ihnen. Und beobachten Sie, wie Gott Sie zu den nächsten Schritten führt, bis Sie tatsächlich Freude – göttliche Freude – empfinden, wenn Sie jemanden segnen, der Sie schlecht behandelt hat. Dann erleben Sie, wie Sie Böses mit Gutem überwinden.

Das ist ganz normaler, alltäglicher Gehorsam. Nichts ist echter, wirksamer oder kraftvoller – sowohl bei Ihnen als auch bei dem Menschen, der Ihnen Unrecht getan hat.

Ich konnte das im Leben einer Freundin beobachten, deren Mann ihr ein großes Unrecht angetan hatte. Sie wusste, dass sie in ihrem Herzen keine Bitterkeit zulassen konnte, und so vergab sie ihm. Sie wusste, dass sie keine Vergeltung üben konnte, und so weigerte sie sich, Böses mit Bösem zu vergelten, obwohl ihr das sehr schwerfiel.

Aber die Freiheit in *ihrem* Inneren und auch die Buße und der Neubeginn in *seinem* Leben kamen zustande, als sie sich entschloss, Böses mit Gutem zu vergelten. Das bedeutete für sie, jeden Morgen bei Tagesanbruch aufzustehen, um ihm das Frühstück zu machen, bevor er zur Arbeit fuhr. Sie bügelte seine Hemden, bat Gott um seinen Segen für ihn, reagierte auf seine Wutanfälle mit freundlichen Worten und bat ihn um Vergebung, wenn sie das nicht fertigbrachte.[6]

Jeder Akt der (unverdienten) Freundlichkeit tötete die bittere Wurzel, die manchmal in ihr aufkeimen wollte, und gleichzeitig fiel ein Samenkorn der göttlichen Gnade in das Herz des Mannes, für den sie sich eine Rückkehr zum Glauben an Jesus Christus erhoffte.

Das ist die Frucht einer Vergebung, die weit über das Ziel hinausgeht.

Brücken des Segens

Je nachdem, wie Ihre Beziehung zu bestimmten Menschen ist, die Ihnen Unrecht getan haben, ist es unter Umständen nicht hilfreich, diesen Personen erneut zu begegnen oder den Kontakt mit ihnen wieder aufzunehmen. Wie bereits erwähnt, sollten Sie eine solche Entscheidung nach Rücksprache mit Ihrem Pastor treffen oder mit einem anderen, erfahrenen Christen/einer erfahrenen Christin, der/die Ihnen helfen kann, mit dieser Situation auf eine sichere und an der Bibel orientierten Art und Weise umzugehen.

Aber unabhängig davon, wer der/die Betreffende ist und was er/sie getan hat, können Sie zumindest eine Maßnahme ergreifen: Sie können für diese Person beten.

Ich meine, wirklich beten.

Vielleicht stoßen Sie jetzt einen Seufzer aus und sagen: „Ich glaube nicht, dass ich Gott um seinen Segen für diesen Mann oder diese Frau bitten kann ... Ich *will* ja noch nicht einmal, dass Gott diesen Menschen segnet!“ Aber wenn Sie aus Gehorsam dem Wort Gottes gegenüber damit anfangen, kann ich Ihnen aus eigener Erfahrung versichern, dass Sie einen Menschen, für den Sie beten, nicht lange hassen können, vor allem dann nicht, wenn Sie Gott darum bitten, diese Person zu segnen und zu einer Begegnung mit ihm zu führen.

Bei Menschen, die uns Unrecht getan haben, sollte unser erstes Ziel ihre Versöhnung mit Gott sein, und dann, wenn möglich, auch die Versöhnung mit uns. Wenn wir Brücken der Liebe und des Segens über die Kluft bauen, die uns trennt, können wir vielleicht dieses Ziel erreichen. Aber auch wenn unser Gegenüber anders reagiert, als wir es uns erhoffen: Wie können wir anderen Menschen den Segen Gottes und Heilung vorenthalten, für uns selbst jedoch ungehinderte Gemeinschaft mit Gott erwarten?

Golgatha und die Macht der Liebe

Nicht nur für uns öffnet sich das Tor zur Freiheit, wenn wir uns entschließen, bei denjenigen, die uns Unrecht getan haben, Vergebung zu üben und den göttlichen Segen für sie zu erbitten. Im großen Heilsplan Gottes werden wir zu Werkzeugen seines Erlösungswerkes, zu Kanälen seiner Barmherzigkeit und Gnade im Leben jener Menschen, die Empfänger seines Segens sein sollen. Sie erleben eine Konfrontation mit der Liebe Jesu, die er uns auf Golgatha gezeigt hat, und erkennen, dass sie das genaue Gegenteil verdient haben.

Am Ende kann eine solche unverdiente, unerklärliche Liebe Menschen dazu bringen, dass sie ihre Sünde bereuen und zum Glauben an Jesus Christus finden.

Ich bekam kürzlich eine E-Mail von einem Kollegen, der wusste, dass ich an einem Buch über Vergebung arbeite. Er wollte mich daran erinnern, welche Wirkung die Reaktion seiner Frau auf sein Leben gehabt hatte, als sie von seinem Verrat an ihr erfahren hatte und sie auf dieses Unrecht mit Segen reagierte.

Noch heute sieht er den gequälten Ausdruck im Gesicht seiner Frau, das Entsetzen in ihren Augen, als er ihr bekannte, wie tief er in einen zügellosen, unmoralischen Lebensstil verstrickt war. „Sie war so tief verletzt", schrieb er mir, „weil sie es einfach nicht begreifen konnte. Ich werde dieses furchtbare Gespräch mit ihr nie vergessen."

Aber etwas anderes bleibt ihm ebenfalls im Gedächtnis, etwas, das sich als stärker erwiesen hat als verletzte Gefühle – nicht nur im Leben seiner Frau, sondern auch in seinem eigenen Heilungsprozess: „Fast vier Jahre später erinnere ich mich noch an etwas anderes, nämlich daran, dass es nicht zu Schuldzuweisungen kam und auch nicht zu Versuchen, es mir heimzuzahlen, mich ebenfalls zu verletzen."

Natürlich war seine Frau am Boden zerstört und „sehr, sehr wütend". Aus menschlicher Sicht hatte sie ein gutes Recht dazu. Aber auch als sich die Folgen seiner Sünde zeigten, als seine Frau viele gute Freunde verlor, es zu einem Familienstreit kam und sie sogar wieder arbeiten gehen musste, weil er kein eigenes Einkommen mehr hatte, „hat sie mir gegenüber nicht einmal bittere, bösartige Worte gebraucht oder mir ihren Groll gezeigt. Das hat mich verblüfft“, berichtete er. „Und es verblüfft mich noch immer. Ich bin überzeugt, dass die unglaubliche Liebe und Opferbereitschaft meiner Frau der Grund ist, warum wir noch immer zusammen sind und ich heute wieder dem Herrn dienen kann.“

Die Bereitschaft zur Vergebung ist dieser Frau nicht leichtgefallen. Ein paar Wochen nachdem die Sünde ihres Mannes ans Licht gekommen war, musste sie eine längere Reise antreten. Auf der kompletten 16-stündigen Heimfahrt betete sie. Sie schrie zum Herrn, schüttete ihm ihr Herz aus, betete für ihren Mann und ihre Kinder. Sie überlegte sich, ob sie ihren Mann verlassen sollte.

Diese Reise war ein Wendepunkt. Während der scheinbar endlosen Stunden im Auto erinnerte Gott sie an das, was er für *sie* durchlitten hatte, und daran, dass er *ihre* Sünde vergeben hatte. In ihrem tiefsten Inneren wusste sie: Gott stellte sie vor die Entscheidung, ob sie die Liebe, die sie von Gott empfangen hatte, weitergeben oder die Liebe Gottes ablehnen und zu einer verbitterten Frau werden sollte.

„Ich bin dankbar“, schrieb ihr Mann, „dass sie sich für die Liebe Gottes entschieden hatte. Wegen dieser Entscheidung bin ich heute noch hier. Ich habe Heilung erfahren, meine Gemeinschaft mit Gott, mit meiner Familie und meinen Mitmenschen ist wiederhergestellt. Es war kein leichter Weg. Es fanden schwierige Gespräche statt, ich musste mich für alles begangene Unrecht verantworten und ich suchte den Rat von mitfühlenden gläubigen Menschen. Aber das alles war nur möglich, weil meine Frau sich entschlossen hatte, mir zu vergeben. Ich kann nicht daran denken, ohne mir erneut die unglaubliche Gnade und Liebe Gottes bewusst zu machen. Und dafür werde ich immer dankbar sein."

Ich kann Ihnen nicht versprechen, dass es bei Ihnen zu einem solchen „Happy End" kommen wird, wenn Sie den Menschen segnen, der Ihnen Unrecht getan hat. Aber eins ist sicher: Wenn Sie sich nicht dafür entscheiden, Segen statt Fluch weiterzugeben, werden Sie auf keinen Fall die ersehnte Versöhnung erleben.

Ich habe schon miterlebt, wie Gott Unglaubliches bewirkt hat, weil seine Kinder nicht nur bereit waren, begangenes Unrecht zu vergeben, sondern darüber hinaus Böses mit Gutem zu vergelten. Wenn Frauen zu mir in die Seelsorge kommen, sage ich ihnen oft: „Ob Sie es glauben oder nicht: Wenn Sie Gott wirken lassen, kann er Ihr Herz mit einer tiefen Liebe und mit Mitgefühl erfüllen – gerade für den Menschen, den Sie seit Jahren hassen." Und ich erlebe immer wieder, wie das tatsächlich geschieht.

Ja, es ist ein Wunder der göttlichen Gnade. Auch Sie können dieses Wunder erleben – nicht nur einmal, sondern immer wieder aufs Neue, wenn Sie die Bereitschaft zur Vergebung in Ihrem Herzen pflegen und anderen Menschen vergeben, so wie Gott Ihnen vergeben hat.

Zum Nachdenken

- Bitten Sie Gott, Ihnen zu zeigen, wo Sie damit anfangen sollen, die Worte in Lukas 6,27–28 und Römer 12,20–21 auf Ihr Leben anzuwenden. Wer ist der „Feind“, den Sie segnen sollten? Wie können Sie auf angemessene Weise auf die Nöte dieses Menschen reagieren, sich für ihn einsetzen und die Gnade Gottes an ihn weitergeben?

Nachwort
Stärker als jede Waffe

Als Jesus an ein römisches Kreuz genagelt betete:
„Vater, vergib ihnen", waren seine Worte eine Waffe,
gegen die sogar der Kaiser nichts ausrichten konnte. ...
Wer kann bestehen vor der Macht der Vergebung?[1]
Elizabeth Elliot

Zu vergeben ist kein leichtes Unterfangen. Ich weiß das nur zu gut aus eigener Erfahrung. Sogar in der Zeit, als ich diesem Buch den letzten Schliff gegeben habe, wurden mir so ganz nebenbei verschiedene „Verletzungen" zugefügt. Die meisten waren zwar relativ unbedeutend, dennoch hatte ich schwer daran zu schlucken.

Ein paar von diesen Verletzungen haben mich an besonders empfindlichen Stellen getroffen. Dabei sind problembehaftete Beziehungen und Fragen wieder hochgekommen, von denen ich meinte, sie würden längst der Vergangenheit angehören. Es war beinahe so wie bei einer fast verheilten Wunde, bei der der Schorf abgerissen wurde.

Obwohl oder vielleicht gerade weil ich mich in den Monaten davor intensiv mit dem Thema „Vergebung" auseinandergesetzt hatte, befand ich mich plötzlich in einem inneren Kampf. Meine Gefühle und meine menschliche Natur wollten unbedingt an der Verletzung festhalten, die Wunden lecken und diejenigen bestrafen, die sie mir zugefügt hatten. Der Geist Gottes in mir drängte mich dagegen sanft in eine andere Richtung: *„Lass das Ganze los! Vergib ... Sei nachsichtig ... Drücke die ‚Entfernen'-Taste!"*

In diesem inneren Zwiespalt fühlte ich mich förmlich verfolgt, ja, gehetzt von den Worten, die ich auf den Seiten dieses Buches niedergeschrieben hatte. Auch bei dieser erneuten Prüfung musste ich eine Entscheidung treffen, selbst wenn sie mir schwerfiel. Entweder ich verzichtete auf jedes Recht, an der Verletzung festzuhalten, oder aber ich wurde zum Schuldeneintreiber. Ich musste mich der Souveränität Gottes beugen, jede mir zugefügte Wunde als ein notwendiges, lebensveränderndes Geschenk ansehen und von ihm die Kraft empfangen, um mich für den Weg der Vergebung entscheiden zu können. Traf ich eine andere Entscheidung, würde ich mein eigenes Urteil unterschreiben, weil ich Gott gegenüber ein schweres Unrecht begehen würde. Schließlich hatte er mir weitaus mehr vergeben!

Vielleicht sind bei der Lektüre dieses Buches bei Ihnen negative Gefühle hochgekommen, oder Sie sind erneut mit schwierigen Problemen konfrontiert worden, und Ihnen ist wieder bewusst geworden (obwohl Sie es bereits wissen), dass Vergebung tatsächlich einen hohen Preis kostet.

Bei Jesus war das der Fall. Und es ist auch bei Ihnen so.

Aber ich hoffe und bete, dass Ihnen eine Sache nicht mehr aus dem Sinn geht, eine Sache, die auch mich mehr denn je beschäftigt: Durch unsere Beziehung zu Jesus Christus haben wir eine Kraftquelle. Diese Kraft reicht immer aus und ist vollkommen; sie fließt über für diejenigen, die bereit sind, das Gefängnis der Bitterkeit zu verlassen, die Waffen niederzulegen und den Widerstand aufzugeben ... die bereit sind, ihren Mitmenschen so zu vergeben, wie ihnen selbst vergeben wurde.

Unversöhnlichkeit kann uns unerbittlich fest im Griff haben, sie ist so stark, dass sie Menschen auseinandertreibt und sie jahrelang auf Distanz hält. Wir alle wissen, wie groß ihre Triebkraft sein kann. Aber die Kraft der Unversöhnlichkeit ist verschwendete Kraft und Energie, bei der nie erkennbar ist, was man investiert hat.

Nur die Macht der Vergebung kann bewirken, dass wir uns im Fluss des göttlichen Willens bewegen, Frieden mitten im Sturm erfahren, uns weiter tragen lassen im immer fortschreitenden Strom seiner ewigen Absichten für unser Leben und wissen dürfen: Unser Leben hat einen Sinn und ein Ziel.

Wir haben gesehen, wie die Macht der Vergebung im Leben *des Täters* Heilung bewirkt. Denken wir nur an den japanischen Piloten, der den Angriff auf Pearl Harbor anführte, oder an den Chirurgen, dessen Fehlentscheidung das Leben einer Frau vorzeitig beendete.

Wir haben gesehen, wie die Macht der Vergebung im Leben *des Opfers* Heilung bewirkt. Denken wir nur an Gracia Burnham oder die Ehefrau im letzten Kapitel. Letztere hätte auch zulassen können, dass die falschen Entscheidungen ihres Mannes zum Scheitern ihrer Ehe geführt hätten.

Vergebung ist ein wirksames Werkzeug in der Hand eines allmächtigen Gottes, um vollständige Heilung zu bewirken – in jeder vorstellbaren Situation und Beziehung, in der Vergangenheit oder der Gegenwart.

Genau genommen kann Vergebung auch eine langfristige Wirkung auf *zukünftige* Situationen und zwischenmenschliche Beziehungen haben. Wenn Sie den Weg der Vergebung wählen, kann Gott durch Ihren Gehorsam verhindern, dass sündhafte Verhaltensmuster und unnützer Schmerz an Ihre Kinder und an künftige Generationen weitergegeben werden.

Vergebung ist ein wirksames Werkzeug in der Hand eines allmächtigen Gottes, um vollständige Heilung zu bewirken – in jeder vorstellbaren Situation und Beziehung, in der Vergangenheit oder der Gegenwart.

In einer E-Mail erzählte mir ein guter Bekannter von seinen Kindheitserinnerungen. Seine Mutter hatte wiederum eine Mutter, die sehr jähzornig war und diesen negativen Charakterzug ihr Leben lang nicht in den Griff bekam. Obwohl die Mutter meines Bekannten bereits älter war und gläubige Christin, folgte sie den Fußstapfen ihrer eigenen Mutter, und so litt ihre Familie unter ihren häufigen Wutanfällen.

Bonnie, die Schwester meines Bekannten, litt im Laufe ihrer Kindheit am schlimmsten unter dem heftigen Zorn ihrer Mutter. Weil sie so schlecht behandelt worden war, missfiel ihr jede Art von Jähzorn.

Schließlich heiratete Bonnie und hatte ihr erstes Kind. Eines Tages war sie über sich selbst erschrocken, als ihr kleiner Junge, der damals noch nicht einmal ein Jahr alt war, etwas „angestellt" hatte und sie ihn deswegen wütend anschrie. Entsetzt erkannte sie, dass sich der Jähzorn ihrer Großmutter und Mutter auf sie übertragen hatte. Es machte ihr Angst, die verhassten Worte ihrer Kindheit zu hören. Worte, mit denen sie niemals ihre eigenen Kinder verletzen wollte, kamen plötzlich mit Leichtigkeit und in großer Lautstärke aus ihrem Mund. Sie fiel auf die Knie und flehte Gott an, sie von diesem zwanghaften Jähzorn zu befreien.

Einige Monate später nahm Bonnie an einer Konferenz teil. Die Rednerin sprach darüber, wie wichtig Vergebung sei. Dann forderte sie die Teilnehmer auf, vergangenes Unrecht wie eine „Schallplatte" zu behandeln (Erinnern Sie sich? Schallplatten? Die Vorläufer von Audiokassetten und CDs?). Anstatt diese Schallplatte in Gedanken immer wieder abzuspielen, gab die Rednerin den Zuhörern den folgenden Rat: „Nehmen Sie die Schallplatte mit diesem Unrecht und zerbrechen Sie sie auf Ihrem Knie. Nur dann werden Sie frei sein und die Menschen lieben können, die Ihnen Unrecht getan haben."

Bonnie nahm sich diese Worte zu Herzen und machte diesen Schritt des Gehorsams und Gottvertrauens. Sie „zerbrach die Schallplatte", die sie unzählige Male in Gedanken abgespielt hatte, die Schallplatte mit den Wutausbrüchen und dem Jähzorn ihrer Mutter, mit den verletzenden, erniedrigenden Worten, die sie als Kind anhören musste. Gott schenkte Bonnie die Kraft, ihrer Mutter voll und ganz zu vergeben.

Gott hatte nicht nur das Zerwürfnis zwischen Bonnie und ihrer Mutter geheilt, sondern wie durch ein Wunder hatte er den Würgegriff des Jähzorns in ihrem eigenen Herzen beseitigt und sie befreit – von einem sündhaften Verhaltensmuster, unter dem drei oder sogar noch mehr Generationen ihrer Familie gelitten hatten.

Mein Bekannter sagt Folgendes über seine Schwester: „Bonnie gehört zu den liebevollsten, klügsten und gottesfürchtigsten Müttern, die ich jemals gesehen habe. Sie fährt ihre Kinder nicht wütend an, so wie es unsere Mutter mit ihr gemacht hat. Gott hat diesem Jähzorn ein Ende bereitet, und zwar vollständig und für immer, als Bonnie es schaffte, unserer Mutter das Unrecht, das sie ihr angetan hatte, zu vergeben – vollständig und für immer. Aus ihrer jahrelangen Erfahrung im Seelsorgedienst bei vielen Frauen würde dir Bonnie heute sagen, dass in ihrem eigenen Leben Vergebung der Schlüssel zu Heilung und Veränderung war."

Das ist die Macht der Vergebung.

Aber wir dürfen eins nicht vergessen: Vergebung ist mehr als ein Weg zur persönlichen Freiheit, mehr als ein Weg, den Schmerz zu lindern, den wir in unserem Herzen tragen. Vergebung ist sogar mehr als ein Weg zur Hoffnung auf Versöhnung für diejenigen, die uns Unrecht getan haben.

In gewisser Weise sind alle diese positiven Wirkungen zweitrangig im Vergleich zu etwas viel Wichtigerem. Das höchste Ziel der Vergebung, wie auch das höchste Ziel unseres ganzen Lebens, sollte darin bestehen, Gott die Herrlichkeit und die Ehre zu geben.

Vergebung im Leben eines Christen ist eine Demonstration der erstaunlichen, erlösenden Liebe Gottes. Der Reichtum seiner übergroßen Barmherzigkeit und seiner unendlichen Gnade wird dadurch zur Schau gestellt und wird somit sichtbar für alle.

Während ich hier vor meinem Laptop sitze und darüber nachdenke, womit wir uns in diesem Buch beschäftigt haben, geht mir der Refrain des wunderbaren Liedes von Samuel Davies (1723–1761) nicht aus dem Sinn.

Wer ist ein so verzeihender Gott wie du?
Woher kommt so viel Gnade und fließt uns zu?

Darauf kommt es an. Bei der Vergebung geht es weniger um uns als um Gott. Jede Gelegenheit, die sich für Sie ergibt, Vergebung zu üben, ist eine Gelegenheit, die Aufmerksamkeit auf Gott zu lenken, weil er eine so große Freude daran hat, uns seine Barmherzigkeit zu zeigen und sündige Menschen zu begnadigen. Schließlich hat er seinen einzigen Sohn hingegeben, um das zu ermöglichen. Wenn die Menschen in Ihrem Umfeld miterleben, wie Sie begangenes Unrecht vergeben, wenn sie hören, was Sie mit Gott erlebt haben, wenn sie beobachten, wie Sie reagieren, dann ist es möglich, dass sie Jesus so sehen, wie sie ihn noch nie zuvor gekannt haben. Und dann fühlen sie sich vielleicht dazu gedrängt, diesen großen, „verzeihenden Gott“ zu lieben, ihn anzubeten und ihm zu vertrauen.

Vergebung ist nicht ein bloßer Akt des Gehorsams. Natürlich ist es ein göttliches Gebot, anderen Menschen zu vergeben. Und natürlich haben wir kein Recht darauf, uns wie Schuldeneintreiber zu verhalten, weil Gott uns so viel vergeben hat. Aber mehr noch als eine Verpflichtung ist Vergebung eine himmlische Berufung, eine Gelegenheit, teilzuhaben an etwas Ewigem, unsere Dankbarkeit zurückfließen zu lassen zu dem, der uns alles vergeben hat (und Sie wissen ganz genau, was dieses „alles" für Sie beinhaltet).

Sehen Sie Vergebung als eine Opfergabe, ein Liebesopfer an Gott ... für ihn ganz allein. Wenn Gott unsere Bereitschaft zur Vergebung nicht nur segnet, sondern für andere Menschen hilfreich werden lässt, umso besser. Aber wenn wir wissen dürfen, dass wir etwas tun, das ihm gefällt und ihn ehrt, dann hat sich allein dafür alles gelohnt.

Der Lobgesang der Ewigkeit

Für diejenigen, die es nicht besser wissen, scheint es sich bei Vergebung um eine Schwäche zu handeln, denn man gibt auf, lässt das Böse triumphieren und die Bösewichte gewinnen. Auf den ersten Blick erscheint auch Golgatha wie eine solche Niederlage. Der Fürst der Finsternis übertrumpft den Friedefürsten und macht ihn hilflos.

Aber wenn man es aus der Perspektive der Ewigkeit betrachtet, war das Kreuz in Wirklichkeit die endgültige Niederlage Satans und Gottes größter Sieg! Christus wurde „gesät in Unehre", aber „auferweckt in Herrlichkeit" – „gesät in Schwachheit", aber „auferweckt in Kraft".

Das Lamm Gottes legt sein Leben auf den Opferaltar. Während Jesus sein Leben hingibt, richtet er die dringende Bitte an seinen himmlischen Vater, jenen zu vergeben, deren Sünde er trägt. Einige Zeit später holt er ein letztes Mal Luft und haucht sein Leben aus.

Da ertönt im ganzen Himmel ein mächtiger Lobgesang: *Vergeben! Begnadigt! Alles bezahlt! Gnade gewährt! Der Gerechtigkeit ist Genüge getan! Die Erlösung ist vollbracht!*

Drei Tage später wird das Lamm, das für die sündige Menschheit geschlachtet wurde, von den Toten auferweckt. Aus dem Lamm wird der Löwe aus dem Stamm Juda. Und seine Herrschaft hat kein Ende.

Und wir werden als begnadigte Sünder vor seinem Thron stehen, einst Feinde, aber jetzt versöhnt mit Gott, bekleidet mit dem feinen Leinen seiner Gerechtigkeit – um ihn anzubeten und ihm zu dienen, Tag und Nacht, in Ewigkeit.

Das ist die erstaunliche, ewige Macht der Vergebung.

Zum Nachdenken

- Gibt es in Ihrem Leben noch immer eine „Schallplatte", die Sie zerbrechen sollten? Dann lassen Sie sich von Gott die Kraft schenken, es noch heute zu tun.
- Loben Sie Gott, weil er uns vergibt und uns seine Gnade schenkt.

Leitfaden für Gruppengespräche

Zu Beginn

Es gibt keine „magischen“ Worte oder Geheimformeln für den Umgang mit dem Schmerz, den wir in dieser gottfernen Welt erleiden. Aber Vergebung ist ein Schlüssel, der uns das Tor zur Freiheit öffnet und uns aus dem Gefängnis des an uns begangenen Unrechts befreit. Auch wenn es uns schwerfällt, unseren Mitmenschen zu vergeben, so zeigt uns das Wort Gottes, dass es möglich ist, uns aus dem Griff der Bitterkeit, des Kummers und des Schmerzes zu befreien. Das ist die Botschaft, die das Buch *Das Tor zur Freiheit* vermitteln will.

Tipps für Leiterinnen/Leiter von Gruppengesprächen

Aufbau und Struktur

Dieser Leitfaden soll den Teilnehmern von Gesprächsgruppen helfen, ein tieferes Verständnis von Vergebung zu bekommen und Vergebung zu ihrem Lebensstil zu machen. Die Gespräche können in Kleingruppen oder aber auch bei größeren Veranstaltungen stattfinden. Das Buch ist in acht Kapitel, eine Einleitung und ein Nachwort unterteilt. Deshalb geht der Leitfaden von zehn Einheiten für das Gruppengespräch aus. (Je nach Bedarf kann man auch acht Einheiten gestalten, indem man die Einleitung mit Kapitel 1 und das Nachwort mit Kapitel 8 kombiniert.)

Je nachdem, welcher Zeitplan für Ihre Gruppe am günstigsten ist, können die Gespräche einmal in der Woche oder in größeren Abständen stattfinden. Es besteht kein Grund zur Eile bei der Betrachtung des Stoffs. Gehen Sie auf die Bedürfnisse der Gruppe ein, wenn Einzelne mehr Zeit brauchen, um die behandelten Themen zu verarbeiten und auf ihr Leben anzuwenden.

Bitten Sie alle in der Gruppe, vor jedem Gespräch das jeweilige Kapitel aus dem Buch zu lesen und den Abschnitt mit der Überschrift „Zum Nachdenken“ zu bearbeiten. Wenn möglich, sollten alle Teilnehmer/Teilnehmerinnen auch die Fragen aus diesem Leitfaden vorbereiten.

Hier ist Weisheit gefragt!

Beim Thema „Vergebung“ sollte man berücksichtigen, dass es dabei auch um erlebtes Unrecht und Probleme in zwischenmenschlichen Beziehungen geht. Wenn man sich Zeit für das Gespräch über dieses Thema nimmt, kommen bei den meisten Menschen unangenehme Gefühle an die Oberfläche. Multiplizieren Sie diese Gefühle mit der Zahl der Leute in Ihrer Gesprächsgruppe. Dann erkennen Sie das Potenzial für Wachstumsschmerzen der Seele. Haben Sie deshalb keine Angst vor scheinbar peinlichen Momenten des Schweigens, sondern lassen Sie den Heiligen Geist an den Herzen der Leute in Ihrer Gruppe wirken.

Wenn die Teilnehmer/Teilnehmerinnen von ihren eigenen Erlebnissen erzählen, bringen sie vielleicht ihre Bitterkeit und Selbstgerechtigkeit zum Ausdruck. Hören Sie gut zu und gehen Sie auf das Gesagte ein. Seien Sie nicht vorschnell mit Kritik oder Korrektur, sondern beten Sie für die Leute in Ihrer Gruppe. Vertrauen Sie darauf, dass Gott ihre Herzen erreicht. Das ist bei einem so schwierigen Thema besonders wichtig. Das Evangelium sollte bei allen Gruppengesprächen im Vordergrund stehen, und Sie sollten Ihr Endziel immer vor Augen haben, nämlich mitzuerleben, wie Gott die Teilnehmer/Teilnehmerinnen zu seinen dankbaren Kindern macht, die wissen, wie viel ihnen vergeben wurde, und deshalb diese Erfahrung weitergeben wollen – an jene Menschen, die ihnen Unrecht tun.

Bitten Sie Gott um Kraft, damit Sie die Gruppengespräche mit Weisheit und Freundlichkeit leiten können.

Bitten Sie Gott, jedem Teilnehmer/jeder Teilnehmerin eine persönliche Begegnung mit ihm zu schenken, an seinem/ihrem Herzen zu wirken, damit jeder/jede von ihnen ein Leben zur Ehre Gottes führen kann.

Richtlinien für das Gruppengespräch

Beim ersten Treffen sollten Sie ein paar hilfreiche Grundregeln festlegen. Erstens sollten alle Probleme, die in der Gruppe zur Sprache kommen, vertraulich behandelt werden. Die Teilnehmer/Teilnehmerinnen sollten wissen, dass alle in der Runde erwähnten zwischenmenschlichen Probleme nicht weitergetragen werden. (Zu den Ausnahmen gehören natürlich Probleme, die ein Eingreifen von Seiten der Gemeindeleitung oder sogar von Justizbehörden erfordern.) Die Grenze liegt hier: Wenn es sich nicht um Ihre eigene Sünde handelt, besteht für Sie kein Grund, mit anderen darüber zu sprechen. Schließlich sollten wir unsere eigenen Sünden und nicht die Verfehlungen anderer Menschen bekennen!

Zweitens handelt es sich um ein Gruppengespräch, nicht um eine Beichte oder Seelsorgesitzung. Wenn ein Teilnehmer/eine Teilnehmerin mit einem speziellen Problem zu kämpfen hat und persönliche Gespräche braucht, laden Sie ihn/sie ein, sich zu einem anderen Zeitpunkt mit Ihnen zu treffen. Sie können auch einen Termin mit Ihrem Pastor oder einem/einer älteren, erfahrenen Christen/Christin vorschlagen. Auf diese Weise bekommt er/sie die Hilfe, die er/sie braucht, ohne die

Gruppe vom Wirken Gottes im Leben anderer Teilnehmer abzulenken.

Drittens sollten Sie Ihre gemeinsame Zeit genießen. Fühlen Sie sich frei, die Diskussion der Größe Ihrer Gruppe und der für die Gespräche vorgesehenen Zeit anzupassen. Machen Sie keine Umwege über ganz andere Themen. Aber Sie sollten sich auch nicht unter Druck setzen und meinen, Sie müssten bei jedem Gruppengespräch alle Fragen durcharbeiten. Je nachdem, wie viel Zeit Sie haben und wie groß oder auch wie offen Ihre Gruppe ist, sprechen Sie vielleicht nur über zwei oder drei Fragen. Ihr Ziel sollte nicht sein, so viel Material wie möglich in ein Gruppengespräch zu packen. Es sollte vielmehr darum gehen, allen aus der Gruppe eine Begegnung mit Jesus Christus zu ermöglichen und zu wachsen – in der Erkenntnis und der Erfahrung seiner erstaunlichen Gnade.

Zur Einstimmung

Zu Beginn der Gruppengespräche über das Thema „Vergebung“ sollten Sie sich die folgende Frage stellen: Was erwarten Sie, wenn Sie dieses Buch gemeinsam lesen und an dieser Gesprächsgruppe teilnehmen? Sprechen Sie mit der Gruppe über Ihre Gedanken. (Am besten notieren Sie sich Ihre Erwartungen und kommen am Ende der Gruppengespräche noch einmal darauf zurück.)

Zum Aufwärmen

Lassen Sie jemanden aus der Gruppe das Zitat von Bischof Hassan Dehqani-Tafti vorlesen. Es findet sich auf der Seite nach dem Inhaltsverzeichnis. Was ist so ungewöhnlich an der Sichtweise dieses Mannes?

Fällt Ihnen aus Ihrem unmittelbaren Umfeld eine Person ein, die auf Leid, das ihr andere zugefügt haben, ähnlich reagiert hat?

Welche schwierigen oder schmerzlichen Umstände in Ihrer Vergangenheit haben dazu geführt, dass Ihr Leben bereichert wurde?

Zur Vertiefung

1. Pastor John MacArthur hat die Erfahrung gemacht, dass *„fast alle persönlichen Probleme, die Menschen in die Seelsorge treiben, auf die eine oder andere Weise mit dem Thema ‚Vergebung' zusammenhängen"* (S. 27).

   Überrascht Sie diese Aussage? Welche Beispiele aus dem Alltagsleben fallen Ihnen ein, wenn Sie an Leute denken, die mit bestimmten Problemen zu kämpfen haben? Auf welche Weise könnten diese Probleme direkt oder indirekt mit fehlender Vergebung zu tun haben?

2. Sprechen Sie über die Reaktion von Regina Hockett auf den Mord an ihrer Tochter Adriane. Welche Gedanken kommen Ihnen dabei? Was fällt Ihnen auf?

3. Auf Seite 19 fragt eine verzweifelte Mutter, deren Tochter von einem Mann ermordet wurde, der ihr unentwegt nachstellte: *„Wie kann ich ihm bloß vergeben?"* Welche Gründe fallen Ihnen ein, wenn Sie an Menschen denken, die mit dem „Wie" der Vergebung zu kämpfen haben?

4. Inwiefern veranschaulicht die Geschichte von Miss Havisham die Art, wie manche Menschen auf erlittenes Unrecht reagieren? Auf welche Art und Weise ziehen Menschen ihre „Vorhänge" zu oder halten sie die „Uhren" an? Welche Erfahrungen haben Sie selbst mit solchen oder ähnlichen Reaktionen gemacht – in Ihrem eigenen Leben oder im Leben eines anderen?

(Wenn Sie darüber sprechen, sollten Sie bei der Schilderung Ihrer Erlebnisse oder Beobachtungen kein schlechtes Licht auf andere Menschen werfen.)

5. *„... wenn wir in unseren zwischenmenschlichen Beziehungen echte Werkzeuge der göttlichen Barmherzigkeit sein wollen, müssen wir uns der Wahrheit stellen ... Das Verständnis, das andere Ihnen entgegenbringen, kann Ihnen zwar kurzfristig eine gewisse Erleichterung verschaffen, aber nur durch Vergebung kommt eine dauerhafte Befreiung zustande*" (S. 20 u. 22).

   Haben Sie schon erlebt, wie Sie der Verlockung erlegen sind, jemandem, der Unrecht erlitten hat, Verständnis entgegenzubringen, ohne die „Wahrheit" auszusprechen, dass der/die Betreffende Vergebung üben muss?

   Nennen Sie ein Beispiel aus Ihrer eigenen Erfahrung, als Sie Unrecht erlitten haben und Ihnen jemand über das bloße Verständnis hinaus Mut gemacht hat, den Weg der Vergebung zu wählen. Welche Auswirkungen hatte dieser Rat?

6. Lesen Sie den Text in Hebräer 12,15 und sprechen Sie darüber. Welche Einsichten vermittelt uns dieser Text über die Gnade Gottes sowie über das Wesen und die Auswirkungen der Bitterkeit?

7. *„Für die meisten besteht das Problem nicht darin, dass sie über Vergebung nichts wissen ... [sie wollen] vielmehr die Unversöhnlichkeit in ihren Herzen nicht erkennen oder wahrhaben. Oder aber sie haben sich ganz einfach nicht entschlossen, erlittenes Unrecht zu vergeben*" (S. 25 f.).

Laden Sie die Teilnehmer/Teilnehmerinnen Ihrer Gruppe ein, kurze Gebete zu sprechen, in denen sie Gott bitten, ihre Augen und Herzen zu öffnen, damit sie im Verlauf der Gruppengespräche die Botschaft der Vergebung tiefer erfassen.

Für Sie persönlich

Wie gut kennen Sie die biblischen Aussagen über Vergebung? Machen Sie vor dem nächsten Gruppengespräch Folgendes: Suchen Sie in der Konkordanz ein paar Verse zum Thema „Vergebung" (oder zum Thema „Bitterkeit"). Lassen Sie die Verse auf sich wirken, und erzählen Sie beim nächsten Treffen der Gruppe, was Ihnen diese Verse zu sagen hatten.

Zum Schluss

Die Verheißung aus Hebräer 12,15 lautet, dass die Gnade Gottes uns zur Verfügung steht, wenn wir uns an die harte Arbeit der Vergebung machen. Sie müssen diesen Weg nicht allein und aus eigener Kraft gehen, denn Gott schenkt Ihnen die Kraft, die Sie brauchen!

Kapitel 1:
Wenn blutende Herzen weiter schlagen

Zur Einstimmung

Das Hauptmotiv dieses Kapitels lässt sich mit dem einleitenden Zitat von Oswald Chambers zusammenfassen: „*Wir sprechen leichtfertig über Vergebung, wenn wir noch nie verletzt worden sind. Haben wir aber eine Verletzung erlitten, wissen wir, dass es ohne die Gnade Gottes für einen Menschen unmöglich ist, seinen Mitmenschen zu vergeben*" (S. 29).

Warum ist es wichtig, sich im Klaren darüber zu sein, dass begangenes und erlittenes Unrecht Wunden hinterlässt?

Rückblick

Letztes Mal sollten Sie als „Hausaufgabe" verschiedene Bibeltexte zum Thema „Vergebung" heraussuchen und darüber nachdenken. Welcher Vers/welche Verse hat/haben Ihnen besonders geholfen. Warum?

Zur Vertiefung

1. *„In dieser gefallenen Welt ist Schmerz unvermeidlich. Sie werden von anderen Menschen verletzt, ungerecht behandelt und gekränkt. Daran führt kein Weg vorbei*“ (S. 37). Wie wirkt sich diese Tatsache auf Ihr Leben aus? Wie kann es Ihnen weiterhelfen, wenn Sie sich diese Wahrheit immer wieder bewusst machen?

2. *„Unser Leben wird nicht bestimmt durch das, was uns passiert, sondern durch die Art, wie wir darauf reagieren*“ (S. 38).

   Die Autorin schreibt, dass wir in einer Kultur leben, in der die „Opferrolle“ buchstäblich zelebriert wird. Welche Folgen hat diese Denkweise? In welcher Rolle sehen Sie sich selbst: als „Opfer“ der Umstände oder der Entscheidungen, die andere getroffen haben? Oder sind Sie bereit, die Verantwortung für Ihr eigenes Verhalten zu übernehmen? Inwiefern könnte das oben aufgeführte Zitat für Sie eine befreiende Wirkung haben?

3. Die Autorin erläutert: *„Es gibt im Grunde genommen zwei Möglichkeiten, wie man auf Verletzungen und Unrecht reagieren kann*“ (S. 40). Sprechen Sie über diese beiden Möglichkeiten zu reagieren und über ihre Auswirkungen. Bitten Sie eine Person oder mehrere Personen aus der Gruppe um einen kurzen Bericht, wann er/sie in seinem/ihrem Leben die Rolle eines „Schuldeneintreibers“ übernommen hat/haben.

4. Wenn der Vater von Margaret Ashmore das Krankenhaus verklagt und den Rechtsstreit gewonnen hätte, hätte ihm dieser Sieg inneren Frieden und Genugtuung gebracht? Inwiefern trägt unser Rechtssystem manchmal dazu bei, Unversöhnlichkeit zwischen zwei Parteien noch zu fördern? Ist es immer berechtigt, eine andere Person wegen Fahrlässigkeit oder eines begangenen Unrechts zu verklagen? Welche biblischen Prinzipien sind bei einer solchen Entscheidung zu beachten?

5. Rudy Tomjanovic sagte, wenn er den Spieler, der seine Karriere zerstört hatte, hassen würde, dann wäre das, *„als ob du einen Giftbecher austrinkst und hoffst, dass ein anderer stirbt"* (S. 48). Was wollte er damit sagen? Wie wirkt sich Bitterkeit auf uns und unsere Mitmenschen aus?

6. Lassen Sie am Ende des Gruppengesprächs die Teilnehmer berichten, wie sie auf die Fragen im Abschnitt „Zum Nachdenken" auf Seite 50 reagiert haben.

Für Sie persönlich

Lesen Sie unter Gebet den Text in Matthäus 18,21–35. Warum ist das Eintreiben von Schulden für Kinder Gottes undenkbar? Sind Sie ein „Schuldeneintreiber"? Bitten Sie den Herrn, Ihnen durch diesen Bibeltext zu zeigen, ob Sie bei jemandem, der Ihnen Unrecht getan hat, noch immer Schulden einfordern wollen.

Zum Schluss

„Und wenn ihr steht und betet, so vergebt, wenn ihr etwas gegen jemand habt“ (Markus 11,25). Wir sind sündige Menschen. Wie können wir wissen, dass ein heiliger Gott unsere Gebete akzeptiert? Er ist ein gerechter Gott. Er verharmlost die Sünde nicht. Unsere Sünden betrüben ihn zutiefst. Gott kann Sünde nicht einfach so übersehen. Jesus hat den Preis für unsere Sünden bezahlt, damit wir freien Zutritt zum Thron Gottes haben. Unsere Fähigkeit, anderen Menschen zu vergeben, basiert auf diesem göttlichen „Rollentausch“. Wenn wir uns bewusst machen, wie viel Schuld uns vergeben wurde, können wir anderen Menschen vergeben und unserem himmlischen Vater vertrauen, dass er Gerechtigkeit walten lässt.

Kapitel 2
Wenn wir nicht vergeben wollen

Zur Einstimmung

Bitterkeit ist eine so subtile Sünde, dass wir häufig blind sind gegenüber unserer eigenen Verbitterung. Angesichts des schwierigen Themas beginnen Sie das Gruppengespräch mit einem Gebet. Bitten Sie darum, dass der Heilige Geist die Herzen und Sinne der Gruppe wie mit einem Scheinwerfer erleuchtet, damit die „vergrabenen" Wurzeln der Bitterkeit ans Licht gebracht werden.

Lesen Sie den Text in Hebräer 12,1–7. Alle in der Gruppe sollten sich beim Vorlesen abwechseln. Welche aus diesem Abschnitt gewonnenen Einsichten können uns helfen, mit den „harten" Situationen in unserem Leben richtig umzugehen?

Zur Vertiefung

1. Manchmal ist es schwer, Bitterkeit in unserem Herzen aufzuspüren (oder einzugestehen). Welche verräterischen Signale im Leben eines Menschen lassen erkennen, dass sich ein verletztes Gefühl in Bitterkeit verwandelt hat?

2. Welche Handlungsweisen und welche innere Haltung sind häufig Begleiterscheinungen von Bitterkeit? (Siehe dazu Epheser 4,31–32; Römer 3,14; Kolosser 3,19.)

3. Sprechen Sie mit der Gruppe darüber, welche Auswirkungen Bitterkeit in den folgenden Bereichen haben kann:
   - in unserem Denken und Fühlen
   - in unseren zwischenmenschlichen Beziehungen
   - in unserer Beziehung zu Gott

4. Sprechen Sie über die Einsichten, die Ihnen bei der Lektüre des Gleichnisses vom unbarmherzigen Knecht (Matthäus 18,21–35) gekommen sind.

   In welchem Verhältnis steht die enorme Geldsumme, die der erste Knecht dem König schuldete, zu unserer Schuld und der Vergebung, die wir von Gott empfangen haben?

   Wenn wir nicht vergeben wollen, dann werden wir nach den Worten Jesu „Folterknechten" übergeben (Vers 34). Welche Folterknechte könnten das sein?

   Welche Auswirkungen hat die fehlende Bereitschaft zur Vergebung auf unsere Fähigkeit, die Liebe und Vergebung zu erfahren, die Gott uns anbietet (Vers 35)?

5. Welche Angriffsflächen bieten wir Satan, wenn wir nicht bereit sind zu vergeben?

6. Die Autorin schreibt auf Seite 75: *Ich bin fest davon überzeugt, dass bei sexueller Sünde fast immer eine Verbindung zu einer „bitteren Wurzel" besteht, so wie bei anderen Sünden und Problemen auch.* Besprechen Sie mit der Gruppe, inwiefern sexuelle Sünde die Frucht einer bitteren Wurzel sein kann.

7. Geben Sie den Leuten in der Gruppe die Gelegenheit zu berichten, was Gott ihnen beim Durcharbeiten der Fragen im Abschnitt „Zum Nachdenken" gezeigt hat.

   Nehmen Sie sich Zeit zum Gebet, wenn ein(e) oder mehrere Teilnehmer/Teilnehmerin(nen) aus der Gruppe den Wunsch hat/haben, Gott um Kraft zu bitten, mit einer bitteren Wurzel im Herzen fertig zu werden.

Für Sie persönlich

Machen Sie gemeinsam mit Ihrem Ehepartner oder einem guten Freund/einer guten Freundin bis zum nächsten Gruppentreffen Folgendes: Überdenken Sie noch einmal die Aussagen zu den Symptomen von Bitterkeit auf Seite 54 f. Fragen Sie Ihren Ehepartner oder Ihren Freund/Ihre Freundin, ob er oder sie in Ihrem Leben Zeichen von Unversöhnlichkeit entdeckt. Wenn etwas an die Oberfläche kommt, bitten Sie Gott gemeinsam um Kraft, damit Sie auf der Grundlage dessen, was Jesus für Sie getan hat, alle Ihre Schuldner loslassen können.

Zum Schluss

Wenn Sie immer wieder dazu verleitet werden, sich selbst oder andere Menschen zu verachten oder zu entmutigen, sollten Sie bedenken, dass diese Reaktionen Zeichen von verstecktem Stolz sind. Gestehen Sie sich stattdessen ein, dass Sie nicht fähig sind, aus eigener Kraft Vergebung zu üben. Vertrauen Sie Gott, denn er kann Ihnen die Kraft schenken, jede Form von Bitterkeit abzulegen, so wie er Ihnen die Kraft gibt, auch andere Sünden zu bereuen. Je mehr Sie sich von der Gnade und Kraft Gottes abhängig machen, desto mehr geben Sie ihm die Ehre!

Kapitel 3
Vergebung – ein Versprechen

Zur Einstimmung

Corrie ten Boom sagte: „*Die Heilung der Welt hängt nicht ab von unserer Vergebung und erst recht nicht von unserer Güte, sondern von der Vergebung und Güte Gottes*“ (S. 89). Kennen Sie die Geschichte dieser Holocaust-Überlebenden? (Wenn nicht, lesen Sie ihr Buch *Die Zuflucht: Corrie ten Boom erzählt aus ihrem Leben 1892–1945* oder sehen Sie sich die Filmversion ihrer Geschichte an.) Erinnern Sie sich noch, wie das Leben von Corrie ten Boom die Botschaft der Vergebung veranschaulicht?

Inwiefern hängt die Heilung der Welt von der Vergebung in Jesus Christus ab?

Rückblick

Wie ist das Gespräch mit Ihrem Ehepartner oder Freund/Ihrer Freundin verlaufen, als Sie gemeinsam die Aussagen über Bitterkeit in diesem Buch durchgegangen sind? Hat Ihr Gesprächspartner Sie auf bisher von Ihnen unbemerkte Anzeichen von Bitterkeit aufmerksam gemacht?

Zur Vertiefung

1. Inwiefern veranschaulichen die Bilder von einem „für ungültig erklärten Brief“ (S. 81) und von der „Entfernen“-Taste am Computer das Wesen der Vergebung?

2. Was ist damit gemeint, wenn wir Vergebung als Versprechen bezeichnen (S. 84–85)? Auf welches „Recht“ verzichten wir, wenn wir jemandem vergeben?

3. Welche Eindrücke haben die Berichte von Ernie Cassutto (S. 85–89) bzw. Lorna (S. 96–100) bei Ihnen hinterlassen? Wie hat sich ihre Bereitschaft zur Vergebung auf ihre „Feinde“ ausgewirkt?

4. Die Autorin stellt die Frage: „*Gibt es eine Schmerzgrenze, bei deren Überschreitung wir nicht vergeben müssen oder bei der Vergebung unmöglich ist?*“ (S. 90). Wie würden Sie die Frage beantworten, wenn Sie sich dabei am Wort Gottes orientieren?

5. Inwiefern ist Vergebung das Herzstück des Evangeliums?

6. Wie würden Sie reagieren, wenn jemand sich Gedanken macht, dass Vergebung den- oder diejenige, der/die Unrecht getan hat, aus der Verantwortung für die Folgen seiner/ihrer Sünde entlässt?

   Wenn wir jemandem vergeben, bedeutet das dann, dass dieser Mensch nicht zur Verantwortung gezogen wird und er/sie die Folgen seines/ihres Handelns nicht tragen muss? Vergebung und Gerechtigkeit schließen einander nicht aus. Sprechen Sie mit der Gruppe über diese Tatsache.

7. Was lehren uns die biblischen Berichte über Josef und Abigail über unsere Reaktion auf Menschen, die uns Unrecht getan haben?

8. Geben Sie der Gruppe Zeit, wenn Teilnehmer ihre Gedanken über die Fragen aus dem Abschnitt „Zum Nachdenken" auf Seite 101 f. mitteilen möchten.

Für Sie persönlich

Vielleicht geht es Ihnen wie Ernie Cassutto, wenn Sie jemandem vergeben. Diese Person könnte sich zu Gott hinwenden und seine Vergebung empfangen. Fällt Ihnen dazu eine bestimmte Situation ein? Fangen Sie an zu beten, dass Gott in das Leben dieser Person eingreift.

Zum Schluss

Wenn Sie Angst haben, jemandem zu vergeben, weil das begangene Unrecht so schwer war, denken Sie daran, dass Ihr himmlischer Vater diese Sünde noch mehr hasst, als Sie es jemals könnten. Er wird sie nicht ungesühnt lassen. Wie bei Ihren eigenen Sünden kann das begangene Unrecht durch das versöhnende, erlösende Werk des Kreuzes bereinigt werden.

Kapitel 4
Vergeben, weil Jesus vergibt

Zur Einstimmung

Dieses Kapitel ist das Herzstück des Buches. Beginnen Sie das Gruppengespräch mit einem Hinweis auf die Liebe und Barmherzigkeit Gottes, die ihren Ausdruck fanden im Opfertod Jesu am Kreuz. Am besten lesen Sie gemeinsam ausgewählte Bibelverse, sprechen kurze Dankgebete oder singen ein passendes Lied.

Zur Vertiefung

1. Was will Oswald Chambers mit den folgenden Worten sagen: *„Der einzige Grund, warum Gott mir vergeben kann, ist das Kreuz Christi“* (S. 105)? Welche Auswirkungen hat das Kreuz auf Menschen, die Unrecht erlitten haben? Wie ermöglicht es uns das Kreuz von Golgatha, anderen Menschen zu vergeben?

2. In diesem Kapitel spricht die Autorin darüber, wie Gott es bewirken kann, dass die schwierigsten Prüfungen in unserem Leben seinen Absichten und uns zum Guten dienen. Welche Bibeltexte oder Beispiele fallen Ihnen dazu ein?

3. Wer sind die drei entscheidenden Personen im Brief des Apostels Paulus an Philemon? Welche Rolle spielt jeder von ihnen in Bezug auf das Thema „zerrüttete Beziehung“? Was können wir von ihnen über das Wesen und das Ziel der Vergebung lernen?

   Fällt Ihnen ein modernes Beispiel für einen „Friedensstifter“ ein? Kennen Sie jemanden oder haben Sie von jemandem gehört, der eine Versöhnung zwischen zwei Personen oder Parteien zustande gebracht hat?

4. Haben Sie schon gehört, wie jemand gesagt hat: „Das kann ich mir nicht verzeihen“? Vielleicht hatten Sie schon mal einen ähnlichen Gedanken. Wie lässt sich diese Denkweise mit dem Wort Gottes in Einklang bringen? Wie würden Sie jemandem helfen, der sich nicht selbst verzeihen kann?

5. Als sie den verzehrenden Zorn und die Bitterkeit in seinem Herzen bemerkte, sagte Juda Ben Hurs Jugendliebe Esther zu ihm: *„Du bist wie deine Feinde geworden, die du vernichten willst, wenn du Böses mit Bösem vergelten willst. Der Hass verwandelt dein Herz in Stein ... Es ist, als ob du dich in Messala verwandelt hättest“* (S. 121 f.). (Messala war der Jugendfreund, der ihn an die Römer ausgeliefert hatte und an dem er Rache üben wollte)

   Was meinen Sie? Ist es tatsächlich so, dass wir den Menschen ähnlich werden, die uns das schlimmste Unrecht zugefügt haben? Warum könnte diese Beobachtung den Tatsachen entsprechen?

6. *„Andererseits gibt es für die Welt um uns herum keinen überzeugenderen Beweis für die Wahrheit der von uns verkündeten Botschaft, wenn wir die Vergebung, die wir selbst erfahren haben, an unsere Mitmenschen weitergeben*“ (S. 119). Welche Auswirkungen hat unsere Bereitschaft oder unsere Weigerung, anderen zu vergeben, auf die Art, wie suchende Menschen das Evangelium sehen? Welche (negativen oder positiven) Beispiele aus dem wahren Leben haben Sie beobachtet, selbst erlebt oder von anderen gehört?

7. Erklären Sie die Bedeutung des Satzes: „Vergebung empfangen, Vergebung weitergeben.“

8. Nehmen Sie sich Zeit, damit die Teilnehmer über ihre Antworten auf die Fragen aus dem Abschnitt „Zum Nachdenken“ (S. 124) sprechen können.

Für Sie persönlich

Lesen Sie Römer 8,12–39 und überlegen Sie, in welchen Bereichen man Ihnen Unrecht getan hat und Sie damit zu kämpfen haben, den betreffenden Personen zu vergeben. Machen Sie eine Liste mit den in diesem Abschnitt enthaltenen Aussagen und Verheißungen, die einen Bezug auf Ihre Situation haben.

Zum Schluss

Vielleicht ist die Erkenntnis überraschend für Sie, aber Sie brauchen sich nicht selbst zu verzeihen oder zu vergeben. Sie müssen von *Gott* Vergebung empfangen. Wenn Sie sich seiner Vergebung sicher sind, dann sind Sie gewappnet gegen die weit verbreitete Verlockung, sich in Selbstverachtung und Bedauern zu ergehen. Und was noch viel besser ist: Sie müssen das nicht aus eigener Kraft heraus schaffen. Sie müssen nicht hart gegen sich selbst sein oder sich mit motivierenden Reden aufputschen. Sie müssen bloß versuchen, in aller Demut Ihre Sünde so zu sehen, wie Gott sie sieht, und sich dann eingestehen, dass Sie nichts anderes tun müssen, als seine überschwängliche Barmherzigkeit anzunehmen.

Kapitel 5
Vergebung – eine Kunst

Zum Aufwärmen

Mit diesem Kapitel machen wir auf unserem Weg der Vergebung eine kleine Wendung. Wir haben uns zunächst mit dem „Warum“ der Vergebung befasst; und jetzt wollen wir uns auf das „Wie“ konzentrieren. Wir werden darüber nachdenken, wie Vergebung stattfindet, wie wir zu einer engeren Beziehung zu Gott und zu mehr Freiheit in unseren zwischenmenschlichen Beziehungen finden können.

Rückblick

Wie haben Sie den Text in Römer 8,12–39 auf bestimmte Situationen in Ihrem Leben angewendet? Welche Einsichten hat Ihnen der Herr beim Lesen dieses Abschnitts geschenkt?

Zur Vertiefung

1. Das Zitat am Anfang dieses Kapitels lautet: *„Die Herrlichkeit des Christentums besteht darin, dass man durch*

Vergebung den Sieg erringt." Was will der Autor mit diesen Worten sagen? Welche Beispiele (aus der Bibel oder aus der heutigen Zeit) fallen Ihnen ein, die dieses Prinzip veranschaulichen?

2. Wiederholen Sie die drei praktischen Schritte, die die Autorin in diesem Kapitel erwähnt (S. 129–139). Erklären Sie, warum jede dieser Maßnahmen wichtig ist. Sprechen Sie über mögliche Barrieren, auf die man bei jedem Schritt stoßen kann.

3. Warum ist echte Vergebung nicht gleichzusetzen mit „Vergessen"?

4. Was ist, wenn bei einem begangenen Unrecht der Verursacher zu 95 Prozent die Schuld trägt und Sie nur zu fünf Prozent? Welches Verhalten erwartet Gott von Ihnen?

5. Sprechen Sie darüber, welche Rolle unser Gottvertrauen spielt, wenn wir anderen vergeben.

6. Was meint die Autorin, wenn sie schreibt: „*Vergebung ist etwas Übernatürliches*" (S. 147)? Welche Auswirkungen hat diese Tatsache?

7. Welche Einsichten über Vergebung vermittelt uns das Zeugnis von Gracia Burnham (S. 140–142).

8. Die Autorin berichtet über eine gute Bekannte, deren Mann Ehebruch begangen hat (S. 143–146). Was fällt

Ihnen an diesem Beispiel besonders auf? Wie kann eine Frau, die ein so schlimmes Unrecht erlitten hat, diese Erfahrung schließlich als *„ein Geschenk, das ich freudig annehmen konnte"* (S. 145) bezeichnen?

Für Sie persönlich

Wenn Sie es noch nicht getan haben, erstellen Sie die in diesem Kapitel empfohlene Liste. Bringen Sie sie zum nächsten Gruppengespräch mit.

Zum Schluss

„Wenn ihr dies wisst, glückselig seid ihr, wenn ihr es tut!" (Johannes 13,17). Gott segnet uns, wenn wir unser Vertrauen zu ihm in die Tat umsetzen. Umgekehrt kann Nachlässigkeit oder die Weigerung, Gott zu gehorchen, auch bedeuten, dass er uns nicht segnen wird!

Kapitel 6
Wenn wir auf Gott wütend sind

Zum Aufwärmen

„*Wenn Menschen etwas erwarten, meinen sie, sie hätten ein Anrecht auf diese Sache; und so kann die Enttäuschung über unerfüllte Erwartungen von uns sehr leicht in Verärgerung umgewandelt werden*" (C. S. Lewis, S. 149).

Welche Beispiele aus unserem Kulturkreis (oder welche aktuellen Ereignisse) fallen Ihnen ein, wenn es um die Verärgerung oder Wut über unerfüllte Erwartungen geht?

Rückblick

Haben Sie die in Kapitel 5 empfohlene Liste erstellt? Wie sieht sie aus? Welche Überraschungen haben Sie erlebt, als Sie die Spalten ausgefüllt haben? Welche Erfahrungen haben Sie gemacht, als Sie Gott um Kraft gebeten haben, damit Sie nach seinem Willen handeln können?

Zum Aufwärmen

Welche Gedanken sind Ihnen gekommen, als Sie den Bericht über die ungerechtfertigte Klage von Donald Drusky gelesen haben? Fanden Sie die Geschichte amüsant? Warum waren seine Forderungen so unverschämt?

Zur Vertiefung

1. Warum gibt es in unserer heutigen Zeit so viel ungezügelte Wut? Welche Gedanken haben Sie zu diesem Problem?

2. Auf Seite 152 fragt die Autorin: *„Haben wir überhaupt ein Recht darauf, auf Gott wütend zu sein?"*

   Manchmal stellen die Verfasser von biblischen Büchern Gott „provozierende" Fragen und äußern ihm gegenüber starke Gefühle, wenn sie Leid erleben. Sprechen Sie mit der Gruppe darüber, ab wann wir eine Grenze überschreiten, wenn wir mit Gott offen und ehrlich über unseren Schmerz reden.

3. *„Ich bin zu dem Schluss gekommen, dass sich bis zu einem gewissen Grad alle Bitterkeit letztendlich gegen Gott richtet"* (S. 155). Diskutieren Sie über diese Aussage. Und wie ist es, wenn einer Person Unrecht zugefügt wurde und sie sich ihrer Bitterkeit gegenüber Gott womöglich gar nicht bewusst ist?

4. Wie veranschaulicht die Reaktion von Bill Elliffs Mutter auf den Ehebruch ihres Mannes die Gnade Gottes und die Macht der Vergebung?

5. Was ist verkehrt an der Auffassung, manchmal müssten wir Gott vergeben?

6. Welche Lehren vermittelt uns der biblische Bericht über Noomi im Blick auf die Ursachen und Folgen von Bitterkeit?

7. Welche Einsichten über seine Sicht von Gott vermittelt uns die Art, wie John Piper auf die Diagnose seiner Krebserkrankung reagiert hat (S. 163)? Worin unterscheidet sich seine Perspektive von der Sichtweise, die Noomi zum Ausdruck gebracht hat?

   Wie wirkt sich unsere Vorstellung von Gott und seiner vorausschauenden Weisheit auf unsere Fähigkeit aus, ihm inmitten unseres Schmerzes zu begegnen und denen zu vergeben, die an uns schuldig geworden sind?

8. Nehmen Sie sich Zeit für einen Gedankenaustausch über die Fragen aus dem Abschnitt „Zum Nachdenken“ auf Seite 171.

Für das nächste Treffen

„Hören Sie sich einmal genau zu. Was sagen Sie über Gott? Welchen Eindruck von Gott vermitteln Sie anderen Menschen, wenn diese beobachten, wie Sie leben?“ (S. 162). Machen Sie bis zum nächsten Gruppengespräch Folgendes: Bitten Sie Ihren Ehepartner, Ihre Kinder, einen Arbeitskollegen/eine Arbeitskollegin, einen Mitbewohner/eine Mitbewohnerin oder eine Vertrauensperson (eine dieser Personen oder sogar alle) darum, Ihnen zu helfen, sich selbst zuzuhören. Diese Person/en soll/en Ihnen freundlich, aber ehrlich sagen, welche Vorstellung Ihre Mitmenschen von Gott bekommen, wenn sie beobachten, wie Sie auf besondere Herausforderungen oder schwierige Umstände reagieren. Notieren Sie sich die Beobachtungen Ihrer Gesprächspartner und berichten Sie beim nächsten Gruppengespräch, was man Ihnen mitgeteilt hat.

Zum Schluss

Wenn Sie zur „harten Arbeit“ der Vergebung bereit sind, werden Sie erleben, wie alle Ihre Gebete auf diesem Gebiet erhört werden. Vielleicht fühlt es sich so an, als ob das „Joch“ des göttlichen Willens manchmal zu schwer für Sie wird. Aber Sie werden auf wunderbare Weise belohnt, wenn Sie Gott vertrauen, dass er für Sie schließlich alles zum Guten wendet!

Kapitel 7
Mythen und Wahrheiten über Vergebung

Zum Aufwärmen

In dieser Einheit geht es um die Tatsache, dass Unversöhnlichkeit uns keinen Trost zu bieten hat. John Piper nennt uns mit beredten Worten den Grund dafür: „*Gott (hat) seinen eigenen Sohn geschickt, um mehr Leid zu tragen, als wir jemandem für das an uns begangene Unrecht jemals zufügen könnten*“ (S. 172).

Rückblick

Welche Rückmeldung haben Sie darüber bekommen, welches Bild Sie anderen in schwierigen Situationen von Gott vermitteln? Waren Sie überrascht? Haben Ihnen die Beobachtungen der anderen Mut gemacht? Oder fühlten Sie sich überführt?

Zur Vertiefung

1. Sprechen Sie mit der Gruppe über die vier von der Autorin in Kapitel 7 erwähnten Mythen über Vergebung. Lassen Sie die Teilnehmer/Teilnehmerinnen

erzählen, mit welchen dieser Mythen sie bereits zu kämpfen hatten.

2. Ist es möglich, jemandem zu vergeben und trotzdem ab und zu Gefühle zu empfinden, die in scheinbarem Widerspruch zur Vergebung stehen? Wie sollte man solche Gefühle bewerten und wie sollte man mit ihnen umgehen?

3. Warum lässt Gott in manchen Fällen nicht zu, dass wir ein erlittenes Unrecht vergessen, obwohl wir Vergebung geübt haben? Wie sollen wir nach dem Willen Gottes die Erinnerung an Schmerz und verletzte Gefühle nutzen (vgl. 2. Korinther 1,3–5)? Kann jemand aus der Gruppe dieses Prinzip mit einer eigenen Erfahrung untermauern?

4. Besprechen Sie mit der Gruppe das Verhältnis zwischen dem punktuellen Geschehen der Vergebung und dem fortlaufenden Prozess der Heilung und Wiederherstellung.

5. Welche drei „guten Gewohnheiten“ des Apostels Paulus schildert die Autorin in Kapitel 7 (S. 184–287)?

6. Sprechen Sie über den Begriff „Nachsicht“. Was bedeutet dieser Ausdruck? Warum ist Nachsicht wichtig? Lassen Sie die Teilnehmer erzählen, welche praktischen, persönlichen Erfahrungen sie, in Situationen, in denen sie Nachsicht geübt haben, gemacht haben.

7. Was konnten Sie für sich persönlich aus der Geschichte von Steve Saint mitnehmen, dessen Vater vor mehr als fünf Jahrzehnten im Dschungel von Ecuador ermordet wurde? Schildern Sie das Vermächtnis, das Steves verwitwete Mutter ihrem Sohn hinterlassen hat. Beschreiben Sie auch die Wirkung, die ihre damalige Reaktion auf den tragischen Tod ihres Mannes später auf Steve hatte, als er erwachsen war. Sprechen Sie mit der Gruppe darüber, welches Vermächtnis der Vergebung jeder von Ihnen der nächsten Generation hinterlassen will.

Für das nächste Treffen

Überlegen Sie, auf welche zwei Arten Sie in den nächsten Tagen bei sich zu Hause Nachsicht üben können. Wie sieht es in bestimmten Situationen am Arbeitsplatz oder in der Gemeinde aus? Rechnen Sie mit Versuchungen, die Ihnen dabei begegnen können, und seien Sie bereit, die Gnade Gottes weiterzugeben!

Zum Schluss

Wenn wir uns an die Zeiten erinnern, als wir Vergebung empfangen haben, werden wir größere Dankbarkeit empfinden und auch mehr Mitgefühl für die Schwächen und Fehler unserer Mitmenschen haben. Denken Sie über das Zitat von John Piper am Anfang von Kapitel 7 nach. Ein tieferes Verständnis über das Opfer, das Jesus für Sie gebracht hat, schenkt Ihnen Kraft zur Vergebung und hilft Ihnen, auf schwierige Menschen und Umstände so zu reagieren, wie Gott es von Ihnen erwartet.

Kapitel 8
Brücken des Segens

Zum Aufwärmen

Als Sie mit der Lektüre dieses Buches begonnen haben, haben Sie vielleicht gedacht, dass echte Vergebung für Sie die größte Herausforderung darstellen würde. Jetzt, im letzten Kapitel, erkunden wir den abschließenden Schritt, den wir ohne das Wirken des Heiligen Geistes in unserem Leben gar nicht wagen könnten. Beginnen Sie deshalb dieses Gruppengespräch mit Gebet. Bitten Sie Gott um die Gnade, die wir brauchen, damit wir Jesus Christus ähnlicher werden können.

Rückblick

Wie ist es Ihnen mit Ihrem „Projekt Nachsicht" ergangen?

Zum Aufwärmen

Römer 12 ist die Basis für das achte Kapitel dieses Buches. Lesen Sie gemeinsam den gesamten Bibelabschnitt und wechseln Sie sich beim Vorlesen der Verse ab. Was ist der Grundgedanke von Römer 12?

Zur Vertiefung

1. Kennen Sie eine Person, die im Schmerz der Vergangenheit „festgefahren" zu sein schien, obwohl sie den Schritt der Vergebung gewagt hatte? Was ist der „Schlüssel", den die Autorin in Kapitel 8 nennt und der uns hilft, den Weg der Vergebung konsequent zu Ende zu gehen? Lesen Sie noch einmal Römer 12,19–21. In diesen Versen wird uns dieser Weg verdeutlicht.

2. „Vergebung erfordert, dass wir den Menschen, der uns Unrecht getan hat, nicht nur loslassen, sondern weit darüber hinaus gehen" (S. 199). Beschreiben Sie, wie wir „weit darüber hinaus gehen" könnten. Wie könnte das praktisch aussehen?

   Wie können wir „Böses mit Gutem überwinden"? Wie hat Martin Burnham dieses Prinzip in die Tat umgesetzt (S. 202)? Wie wird diese Idee im Leben der biblischen Figur Josef verwirklicht (S. 206)?

3. Sprechen Sie darüber, wie Sie auf die Frage im Abschnitt „Zum Nachdenken" reagiert haben. (Äußern Sie sich so deutlich wie möglich, ohne dabei ein schlechtes Licht auf andere zu werfen.)

4. „Gott kann auch den schlimmsten Umstand in ein Siegeszeichen seiner Gnade und Barmherzigkeit umgestalten" (S. 208). Wie würden wir auf Leid und Schmerz reagieren, wenn wir dieser Aussage wirklich Glauben schenken würden?

5. Lesen Sie 1. Petrus 2,19–25. Wie können wir zu Werkzeugen der erlösenden Gnade Gottes im Leben von Menschen werden, die uns Unrecht getan haben, vor allem dann, wenn wir ihnen vergeben und sie segnen? Können Sie ein Bespiel aus Ihrem eigenen Leben nennen?

Für Sie persönlich

In Lukas 6,27–28 werden wir aufgefordert, unsere Feinde zu lieben, denen, die uns hassen, Gutes zu tun, diejenigen zu segnen, die uns verfluchen, und für die Menschen, die uns beleidigen, zu beten. In den nächsten Tagen sollten Sie sich vornehmen, für jemanden zu beten, der Ihnen feindlich gesinnt ist oder Sie schlecht behandelt hat. Danach suchen Sie nach Wegen, die übrigen Worte in diesem Abschnitt zu erfüllen, wenn es klug und angemessen erscheint. Ein Vorschlag: Vielleicht sprechen Sie mit einem erfahrenen Christen/einer erfahrenen Christin oder einer Vertrauensperson über dieses Vorhaben, denn eine solche Person kann für Sie beten, Ihnen dabei helfen, die nächsten Schritte auf vernünftige Weise zu planen, und bei Ihnen nachhaken, ob Sie Ihr Vorhaben auch in die Tat umgesetzt haben.

Zum Schluss

Wenn Sie diese Herausforderung annehmen und der Heilige Geist Ihnen zeigt, wie Sie den Menschen segnen können, der Ihnen Unrecht getan hat, haben Sie vielleicht noch immer damit zu kämpfen, ein „Kanal des Segens“ zu sein. Denken Sie daran, dass Gott uns die Kraft schenkt, die wir brauchen, um seinen Willen zu tun. Durch die Kraft und Gnade Jesu können Sie Böses mit Gutem überwinden. Wenn Ihnen dabei Ihr Stolz im Weg steht, bitten Sie Gott, dass er Ihnen den Stolz wegnimmt und Ihnen stattdessen Sanftmut gibt. Ihr himmlischer Vater will Ihnen schließlich die völlige Freiheit der Vergebung schenken.

Nachwort
Stärker als jede Waffe

Zum Aufwärmen

Das Zitat von Elisabeth Elliot am Beginn dieses Kapitels endet mit den Worten: „*Wer kann bestehen vor der Macht der Vergebung?*" Vergebung hat eine enorme Macht, eine Macht, die viel mehr bewirken kann als nur unsere eigene Freiheit und Befreiung von Bitterkeit.

Rückblick

Hatten Sie die Gelegenheit, für jemanden, der Ihnen feindlich gesinnt ist oder Ihnen Unrecht getan hat, zu beten und dieser Person freundlich zu begegnen? Konnten Sie Früchte Ihres Gehorsams erkennen – bei Ihnen selbst oder bei Ihren „Feinden"?

Letzte Fragen

1. In diesem Kapitel wird die Macht der Vergebung betont. Wie kann Vergebung im Leben des Täters Heilung bringen? Und wie sieht es mit Heilung im Leben des Opfers aus? Wie kann Vergebung in

die Zukunft hinein wirken, in Situationen, in zwischenmenschliche Beziehungen und in die nächste Generation?

2. Seit Jahren spielte Bonnie in Gedanken immer wieder die „Schallplatte" mit den Wutausbrüchen ihrer Mutter ab. Eines Tages wurde Bonnie aufgefordert, diese Schallplatte mit dem Unrecht aus der Vergangenheit zu zerbrechen. Was geschah, als sie dieser Aufforderung Folge leistete?

   Gibt es auch in Ihrem Leben eine „Schallplatte", die Sie zerbrechen müssen? Sprechen Sie in der Gruppe über das, was Gott Ihnen diesbezüglich gezeigt hat, und nehmen Sie sich Zeit, für einzelne Teilnehmer zu beten, wenn sie das wünschen.

3. Was ist das höchste Ziel der Vergebung (S. 220 f.)? Inwiefern wird Gott die Ehre gegeben, wenn wir den Weg der Vergebung wählen?

4. Auf den ersten Blick schien das Kreuz für den Heilsplan Gottes eine kolossale Niederlage zu sein. Wie erwies es sich für Gott als der größte Sieg? Wie wirkt sich der Triumph am Kreuz auf unser Leben in dieser gefallenen Welt aus?

5. Welche Punkte aus dem Buch haben Ihnen am meisten geholfen? Zu welchen neuen Erkenntnissen sind Sie gekommen? Wie haben Sie auf diese Erkenntnisse reagiert?

6. Welche Veränderungen haben in Ihrem Leben stattgefunden, seit Sie sich mit dem Thema „Vergebung" befasst haben – in Ihrer Beziehung zum Herrn und/oder in Ihren zwischenmenschlichen Beziehungen?

Zum Schluss

Ein Studium über Vergebung lässt sich am besten abschließen, indem man sich Zeit nimmt für die Anbetung und einstimmt in den himmlischen Lobpreis der Erlösten am Thron Gottes.

Und ich sah einen neuen Himmel und eine neue Erde; denn der erste Himmel und die erste Erde waren vergangen, und das Meer ist nicht mehr. Und ich sah die heilige Stadt, das neue Jerusalem, aus dem Himmel von Gott herabkommen, bereitet wie eine für ihren Mann geschmückte Braut. Und ich hörte eine laute Stimme vom Thron her sagen: Siehe, das Zelt Gottes bei den Menschen! Und er wird bei ihnen wohnen, und sie werden sein Volk sein, und Gott selbst wird bei ihnen sein, ihr Gott. Und er wird jede Träne von ihren Augen abwischen, und der Tod wird nicht mehr sein, noch Trauer noch Geschrei noch Schmerz wird mehr sein; denn das Erste ist vergangen. Und der, welcher auf dem Thron saß, sprach: Siehe, ich mache alles neu.
Offenbarung 21,1–5

Literaturnachweise

1 Duane W. H. Arnold, *Prayers of the Martyrs*, Vollst. Übers., Grand Rapids, 1991, S. 108ff.

Einleitung

1 Leon Allgood, Journalist, *The Tennessean*, 17. Oktober 2005, Abschn. A, S. 1ff.

2 Charles Dickens, *Great Expectations*, Oxford University Press, S. 82 (dt. Ausgabe: *Große Erwartungen*, Berlin 2011; Anm. d. Übers.)

3 John MacArthur, *Forgiveness*, Wheaton, Ill., 1998, S. 7 (dt. Ausgabe: *Vergeben befreit*, Bielefeld, 2008; Anm. d. Übers.)

Kapitel 1
Wenn blutende Herzen weiter schlagen

1 John Feinstein, *The Punch: One Night, Two Lives and the Fight that Changed Basketball Forever*, Boston, 2002, Einleitung

Kapitel 2
Wenn wir nicht vergeben wollen

1 Lawrence O. Richards, *New International Encyclopedia of Biblical Words*, Grand Rapids, 1991, S. 127

2 Jordana Lewis und Jerry Adler, "Forgive and Let Live", *Newsweek*, 27. September 2004, S. 52

3 Claudia Kalb, "End Your Back Pain", *Reader's Digest*, März 2005, S. 145

4 "The Good Heart", *Newsweek*, 3. Oktober 2005, S. 49–55

5 "As We Forgive Our Debtors" (dt.: Wie wir vergeben unseren Schuldnern; Anm. d. Übers.), Predigt von John Piper, 20. März 1994 (www.desiringGod.org/library/sermons/94/032094.html)

Kapitel 3
Vergebung – ein Versprechen

1 Pomegranate Productions, 2001, S. 124ff, S. 161ff. (in deutscher Sprache erschienen unter dem Titel *Der letzte Jude von Rotterdam*, Asslar, 2007; Anm. d. Übers.)

2 Die Zuflucht

3 Gott hat sowohl staatliche als auch kirchliche Autorität zur Bestrafung von Übeltätern und zum Schutz von Unschuldigen verordnet. Es ist möglich, in Ihrem Herzen Ihrem Ehepartner, einem Sohn oder einer Tochter oder auch einem Arbeitgeber zu vergeben und trotzdem gesetzwidriges Verhalten den von Gott eingerichteten Institutionen zu melden, damit bestimmte Vergehen geahndet werden. Sie

können sich auch an die Leitung Ihrer Gemeinde wenden, damit eine Person, die keine Reue zeigt, zur Rede gestellt werden kann.

Kapitel 4
Vergeben, weil Jesus vergibt

1 Das christliche Werk *Life Action Ministries* hat vier Teams, die in Ortsgemeinden mehrtägige Veranstaltungen durchführen. Die Gemeinden haben die Möglichkeit zu einer intensiven Begegnung mit Gott, mit dem Ziel einer Erweckung einzelner Gemeindemitglieder oder der gesamten Gemeinde. Informieren Sie sich über den Dienst von *Life Action Ministries* im Internet unter www.lifeaction.org

2 Oswald Chambers, *Mein Äußerstes für sein Höchstes*, Neuhausen, 1998, 19. November

3 Ebd., 20. November

4 Ebd., 20. November

5 *North American Review*, Januar 1834

6 *Religion Today Summaries*, Mittwoch, 22. Juni 2005 (*Religion Today Summaries* ist eine Publikation von Crosswalk.com, einer Website des christlichen Senders *Salem Radio Network*)

Kapitel 5
Vergebung – eine Kunst

1 Gracia Burnham, Dean Merrill, *To Fly Again*, Wheaton, Ill., 2005, S. 41

2 Ebd, S. 43f.

Kapitel 6
Wenn wir auf Gott wütend sind

1 John Piper, Brief vom 6. Januar 2006

Kapitel 7
Mythen und Wahrheiten über Vergebung

1 John Piper, *Future Grace*, Sisters, OR, 1995, S. 268
2 C. H. Spurgeon, Predigt "Forgiveness Made Easy" ("Vergebung leicht gemacht"; Anm. d. Übers.), im Internet auf: www.spurgeon.org

Kapitel 8
Brücken des Segens

1 John MacArthur, *Forgiveness*, a.a.O., S. 161
2 "Glory from the Ashes", *Focus on the Family*, Dezember 2001; "The Kamikaze of God", *Christianity Today*, 3. Dezember 2001
3 Thomas Watson, *The Lord's Prayer*, S. 252
4 Gracia Burnham, Dean Merrill, *To Fly Again*, a.a.O., S. 54
5 Ebd., S. 54ff.
6 Als sie ihren Mann segnete und ihm Gutes tat, bedeutete das nicht, dass sie seine Entscheidungen für die Sünde rechtfertigte, übersah oder förderte, denn wahre Liebe erfordert es auch, die Wahrheit zu sagen. Aber sie entschloss sich, das ohne Groll, Bitterkeit oder Bosheit in ihrem Herzen zu tun.

1 Elisabeth Elliot, *Love Has a Price Tag*, Ann Arbor, Mich., 1979, S. 48

Nancy Leigh DeMoss

Der Schlüssel zur Freude

Wie eine dankbare Haltung
Ihr Leben verändert
Geb., 288 Seiten

„Dankbarkeit und Freude gehen Hand in Hand", heißt es. Dabei resultiert Dankbarkeit nicht automatisch aus schönen Erlebnissen. Man muss sich bewusst für sie entscheiden. Öffnen Sie Ihren Blick für Dinge, für die Sie dankbar sein können, und erleben Sie echte Freude!

Best.-Nr. 271.027
ISBN 978-3-86353-027-3

Johannes Wendel (Hrsg.)

Ich habe dem Mörder meiner Tochter vergeben

... und andere persönliche Berichte
Tb., 96 Seiten

In 17 bewegenden und erstaunlichen Lebensberichten erzählen Menschen davon, wie sie durch eine Gideon-Bibel zum Glauben an Jesus Christus gefunden haben.

Best.-Nr. 273.830
ISBN 978-3-89436-830-2